「経済成長」から
「縮小均衡」の
時代へ

小商いのすすめ

平川克美
Katsumi Hirakawa

まえがき

わたしの書く本は、きまって長いまえがきが付いています。ときには、柳家小三治《やなぎやこさんじ》の落語のまくらみたいに、それだけで終わってしまいそうなものもあります。本書も長いまえがきから始まりますが、本書のまえがきは、わたしの他の本とはすこし異なり、どうしても最初にお読みいただきたいと思っています。その理由は、本書のタイトルが、内容と違うじゃないかと思われる方がいるかもしれないからです。その理由をまえがきに書いておきたいと思ったのです。

本書には「小商《こあきな》いのすすめ」というタイトルが付いていますが、実は「小商い」そのものに関してはほとんど論じられていません。しかし、本書はまぎれもなく「小商い」についての考察なのです。いや、正確には「小商い」を商う姿勢で書かれた本だというべきかもしれません。どんな姿勢なんだと問われるかもしれませんね。

「小商い」ですから、売るものは限られていますし、高価なものはありません。ただ、路地裏に迷い込んできたお客さんに対して、棚から自分で仕入れてきた商品を取り出して埃《ほこり》を払い、丁寧に磨いて、お客さんの手に取ってもらい、お客さんが納得するまで商品の説明をして、満足していただけるようなら代金をいただく。そういうつもりで、埃を払いながら、丁寧に磨いた自分の思考を書き綴《つづ》ったものです。

もうひとつあります。本書では、もともと取り上げるつもりがなかったことを、どうしても書かざるをえませんでした。そのことについても、お断りしておかなくてはなりません。それは、本書執筆中に起きた東日本大震災のことです。なぜ、「小商い」と結びつかないような震災のことを書かなくてはならないと感じたのか。それは、この震災以前と以後では、わたしがものを書いたり考えたりする立ち位置が変わってしまったからです。この立ち位置のずれを確認しながらでなければ、本書を書き進められなくなってしまったということです。そして、震災のことを書いているうちに、「小商い」は震災からの復興のひとつのヒントになるのではないだろうかということに思い当たったのです。

そんな経緯で、本書は現代を特徴づけるいくつかの異なった要素が、「小商い」という言葉に収斂《しゅうれん》してゆくまでの物語的エッセイとしてお読みいただければと思っています。

さて、東日本大震災と原発事故について、それを本書で取り上げた理由をもう少し詳しくご説明いたします。

わたしは、そういうことはあるかもしれないと、心のどこかで思っていたはずなのに、いつのまにか、あるかもしれないが、ないかもしれないに変わってしまっていたことに強い衝撃を受けました。

大震災は、あるかないかという確率の問題ではなく、いつそれが来るのかというタイミングの問題なのだと、自著『経済成長という病』（講談社現代新書）に書いたばかりなのにです。それをわたしたちは、来るか来ないか、来るとすれば何パーセントかといった確率の問題として読み替えてしまっていたわけです。

いつそれが来るかと問われれば、その答えは「わからない」です。では、「わからない」問題にわたしたちはどのように対処すべきなのか。「わからない」けれど、確実に来るという事態にどう対処すべきなのか、それを考えるべきだったのです。そのことに対する正しい態度というのは（正しいという言い方には語弊がありますが、ここでは生き延びる可能性を最大化するという意味で、とりあえず「正しい」と言っておきます）、ひとつしかありません。それは、いつ来ても大丈夫というリスクヘッジと、何があっても受け止めるだけの耐性を身に付けておくということです。本書は、このリスクヘッジと耐性についての思想を背景にして、わたしたちが今考えなければならないことを綴ったものです。

この震災にはもうひとつ、まったく異質な災厄《さいやく》が付け加えられてしまいました。原発事故です。こちらの方はこれまでありえないこととして喧伝《けんでん》されてきた、人災であり、あってはならない悪夢のような出来事でした。そして、こちらも、あってはならないという当為と、ありえないだろうという希望とをどこかで取り違えてしまっていたわけです。

あるかもしれないと思っていたことと、ありえないだろうと思っていたことが同時に起きてしまったということです。「想定外」と形容されることになる天災と、回避できたはずの人災が同時にわたしたちの身近なところで起きたことの意味を考えないわけにはいきません。このような災害に「想定外」などという形容が許されるなら、国も組織もその責任を放棄する方便を与えられたも同然です。「想定外」は、ほんとうは使ってはならない禁句なのですが。

とにかく、この二種類の災厄が同時に起きたことで、この間のわたしたちの思考方法そのものが問い直されなければならなくなりました。

災害に対するわたしたちの思考に生じた狂いは、戦後ずっと信じられてきた、経済成長によってわたしたちは健康で文化的な生活を保障されるのだという考え方に生じる狂いとも同型のものです。経済成長したいという希望が、経済成長が可能かどうかの歴史認識に先行しているという思考法は、想定外のことは無いことにしてもよいという思考法と瓜二《うりふた》つです。経済成長しない日本の姿は、想定外なのです。本書は、その経済成長はすべての問題を解決するという考え方に対して、そもそも経済成長とは何なのかというふうに、異議申し立てをしています。結論からいえば経済成長は、当分難しいということです。それでも多くのひとびとが、経済成長はあたかも所与の条件であるかのような考え方にとらわれています。

わたしたちは、何をどう考え直さなければならないのか。

3・11以降、わたしたち日本人はそれ以前のすべての仕事をもう一度見つめ直す必要に迫られました。いや、そんなことはない、今までどおりのことを粛々《しゅくしゅく》と、という方もおられるかもしれませんが、わたし自身は自分の仕事を再点検しなければならないと感じています。そして、途中まで書き進められていた本書もまた、震災と原発の事故を受けて大幅な修正を余儀なくされたのです。

いや、この震災がなければ、本書を最後まで書き続けることはなかったといった方がよいかもしれない。なぜなら、それ以前の状態の思考ではどうしても、働くことの深い意味が湧き出てくる水源にまで下りていくことはできなかったからです。その辺りの詳細は、

第三章「ちいさいことの意味」の中に書きましたのでここではこれ以上は触れませんが、本書の内容が東日本大震災の衝撃の下で、当初のプランから大きく逸脱していったことは最初に言っておきたいと思います。

ところで、執筆当初の「まえがき」は以下のように書かれていました。

——本書のタイトルだけ見て、本書が小商い、最近の言葉で言えばマイクロビジネスの起業に関するビジネス書であり、マイクロビジネス立ち上げのノウハウや、その運営上の戦略、成長期待分野などについて書かれた経営指南本であると思われた方もいらっしゃるかもしれません。

申し訳ございません、本書はそのような本ではありません。いきなりナニですが、あらかじめお詫びしておきます。

もし、そのようなビジネス書として本書を紐解《ひもと》かれた方は、「だまされた」「実際的なことは何も書かれていない」「役に立たない」と言って失望することになるでしょう。

だから、最初にお断りするわけです。

もし、そのような本をお読みになりたい方は、実用書コーナーにあるもっと適切な本をお探しください。

繰り返しますが、本書はそのような本ではありません。

むしろその対極に位置する本であろうと思います。

では、どんな本なのか。

これがなかなか厄介で、わたしには、これはこういう本ですとはなかなか言うことができません。もし、簡単にこういう本ですよと言うことができるなら、わたしは本書を執筆する必要もないということになります。ひとことでは言えないから一冊の本にするというのが、わたしが本を書く理由だからです。この事情は、これまでも、これから先も同じです。そんなわけで、わたしは、本書はこんな本ですよとひとことでキッパリと言うことができないのです（そのような本ではないとだけはキッパリ言えるのですが……）。

ただ、この本の位置付けについては、明確にお答えすることができると思います。

まず、本書はこれまでわたしが書いてきた「ビジネス原理論」の延長に位置付けられるものであり、商品製造や、商品取引に関しての原理的な思考を推し進めていった、いわば「思考の跡」を点綴《てんてい》したものです。そして、最後に上梓《じょうし》したビジネス原理論である『移行期的混乱』（筑摩書房）に対するひとつの答え方、つまり混乱期の潜《くぐ》り抜け方についても考えています。

『移行期的混乱』では、総人口の減少局面に入った日本が、大きな曲がり角にきており、その曲がり角を曲がり終わるまでの数十年間に、日本人も、日本の企業も、様々な混乱に遭遇しなければならないことを、戦後日本の歴史を振り返りながら考察しました。わたしは、これから先、政治的にも、経済的にも、日本はこれまで経験してこなかったような様々な予期せぬ出来事に遭遇することになるだろうと思っています。

いや、それは明らかなことだと断言してもよいと思います。なぜなら、それは民主主義国家がいずれはたどらなければならない歴史的な必然のようなものであり、いちはやくその必然を具体化することになった日本は、世界中の誰もがまだ経験したことのない局面に立ち会っているということだからです。

これが、震災の前に書いた「まえがき」の一部なのですが、まさか、「これから先、政治的にも、経済的にも、日本はこれまで経験してこなかったような様々な予期せぬ出来事に遭遇する」と書いたそのことが、東日本大震災とそれに続く大津波、原発事故というような徹底的な破壊というかたちで到来するとは思いませんでした。

もともと、わたしは日本という国家の、政治も、経済も、文化も、生活も、大きな変化のただなかに立っている(いや、むしろ変化はそれが目に見えたときには終わっている)と考えておりましたので、この震災によって考え方を変えるということはないのですが、事態の大きさとその衝撃の波紋の広がりにはたじろがざるをえませんでした。

そして、3・11以降の世界を記述するそのやり方は、それ以前のものとは違っていなければならないと考えるようになったのです。

最初の「まえがき」は、次のように続けられています。

——なぜ、そのように考えているのかについては同書(『移行期的混乱』)をお読みいただくしかないのですが、そこで言及されている様々な混乱に対して、どのようにそれを考え、対処していったらよいのかについては、同書には書かれておりません。本書で試みたいのは、では一体どうすればよいのか、どう考えればよいのかについての、いくつかある回答のひとつを提示してみようということです。

それはあくまで、いくつかある回答のひとつにすぎません。大切なのは、この移行期的混乱の切り抜け方に関する模範的な回答など存在しないということなのです。いや、およそ社会の問題や、会社の問題に関してひとつの模範的な回答が存在するのだという考え方は馬鹿げたものだと言いたいと思います。

問題の回答は、人の数だけ、会社の数だけ存在するのかもしれない。

重要なことは、具体的な会社や個人というものは、いくつもある回答のうちのただひとつしか採用することができないということであり、そのような限定的な状況を社会のフルメンバーが身体を張って引き受けることができるかどうかということだと、わたしは思っています。

ここでわたしが言っている、「問題の回答は、人の数だけ、会社の数だけ存在する」ということは、3・11の後でも、変更の必要はないと思います。ただ、問いの数は震災によって（ほとんどひとつに）絞られたと言ってもよいと思うのです。

その問いとは、わたしたちは、個人的な生活や、会社や、社会や、それらを貫く経済や、哲学について、これまでのやり方の延長でやっていけるのか、それともこれまでとは違うやり方を見出さなければならないのかということです。

わたしたちの誰にとっても、喫緊《きっきん》かつ重要であり、同時に答えることが非常に困難な問いを、もはや誰も避けて通ることはできなくなったということです。

それゆえ、本書もまた、この大きな問いに向かって書かざるをえなくなりました。

二〇〇六年をピークに日本の総人口が減少しはじめたことは、日本が先進諸国の中でいちはやく、まったく新しい段階に入ったということを強く示唆しています。

そのことの意味は以前『移行期的混乱』という本に、詳しく書きましたのでここでは触れませんが、そこで書いたことの意味は、これ以後の日本は、これまでの日本のように経済発展を背景にして経済体制や国家戦略を組み立てていくということができなくなるということであり、その新しい組み立てが落ち着くまでの数十年間は大変な混乱を経験することになるということです。

大津波と原発事故はこの長期的な移行期的混乱を一気に凝縮してしまうような出来事だったわけです。当初は、数十年かかって、これまでの経済成長価値観との激しい葛藤を経て、時代に即した価値観や生活観が生まれてくるというプロセスが予想されましたが、すでに大きな変化が生まれてしまいました。

この変化が明らかにしたもの。

そのひとつが、原子力村あるいは、原発行政というものの中に組み込まれていた、擬制《ぎせい》がいかにいい加減なものであったかということであり、この災厄から教訓を取り出すとすれば、もう擬制は終焉《しゅうえん》させなければならないということ以外にはありません。

九州電力による市民説明会でのやらせや、原子力安全保安院によるやらせ工作などはその擬制のほんの一例です。無理筋を通すために、大金をばらまき、ペテンのような、やらせ工作をはりめぐらせて出来上がったのが原発神話でした。

経済成長神話というものは、もう少し複雑で巧妙なものですが、現実を権力や金によって捻《ね》じ曲げているという点では同工《どうこう》のものだと言うほかはありません。

擬制というものがいかにして出来上がってきたのかを見てしまった今、わたしたちはもはやこれまでの延長上に未来を描くことはできなくなっているのです。

では、擬制の終わったところから何がはじまるのか。

それについては、まだ誰も答えを持ってはいません。

おそらくは、簡単に答えを見出すことはできないだろうと思います。

ただ、わたしたちがもし、この擬制を終わらせることができずに、これまでと同じようなやり方をしていった場合には、次の災厄はもっと大きなものになると言わざるをえません。いまここで必要なことは、もう一度わたしたちがつくってきた時代の中から、擬制を取り出して再点検し、終わらせるべきものをはっきりと終わらせることだと思います。

本書をとおして、時代の中で隠蔽されてきた、見えにくかった擬制を晒《さら》し出し、違った生き方、違ったやり方を探し出せればと願っています。

小商いのすすめ

「経済成長」から「縮小均衡」の時代へ

目次

工員たち。右上が筆者の父

まえがき　1

第一章　経済に蚕食《さんしょく》された社会

ヒューマン・スケールの復興　21
社会の成長とは何か　26
豊かさへいたるふたつの道　32
貧しかったがゆえの豊かさ　39
「進歩の差異」から「構造の差異」へ　42

第二章　街角のフォークロア

大田区、わが町　49
地縁共同体の時代　54
アンビバレントな原風景　57
商店街のある暮らし　66

第三章　ちいさいことの意味

「余暇」の出現　79
大量生産大量消費の時代の黄昏《たそがれ》　84
商店街の帽子屋　90
貧乏がおとなをつくった　99

第四章　「経済成長」から「縮小均衡」の時代へ——東日本大震災以後

「擬制の崩壊」と「小商い」をつなぐもの　109
「出生率低下は将来に対する不安」説の嘘　118
人間は意思することと必ず違うことを実現してしまう生きもの　125
ちいさな問題とおとなの関係について　129
「拡大か・縮小か」ではなく経済をどう「均衡するか」　134
反省できないこども　140
立ち止まって、見直してみろ　146
「完全雇用・生活水準の引き上げ」こそ所得倍増計画　150

経済の拡大均衡はなぜ可能だったか　158
フクシマに見る希望　167

第五章　小商いのすすめ

移行期に起こる国民意識の転換　173
個人の発見　177
遅れてきたものの責任　185
「いま・ここ」に責任を持つ生き方　193
縮小均衡の時代　198
再び、小商いの時代へ　202
井深大の「小商い宣言」　205
経世済民の意味するもの　211
目印としての小商い　215

あとがき　223

第一章　経済に蚕食《さんしょく》された社会

縁側のある家で。筆者は右

昭和三十年代の日本人の生活が、なぜ懐かしく、向日的なやさしさに溢れているように見えるのかを考えてみたい。それは、進歩とか国際競争力とか、経済大国といった概念を相対化する試みでもある。

ヒューマン・スケールの復興

本書には、「小商い」という言葉が何度か登場することになります。すでに、「まえがき」で述べたように、それは限定的なマイクロビジネスという意味ではありません。もちろん、そういった意味もまったく含まれていないわけではありませんが、わたしはこの言葉にもっと含みのある、大きな意味を与えたいと思っています。

それをひとことで言ってしまえば「ヒューマン・スケールの復興」ということです。別に横文字を使う必要もないのですが、ヒューマン・スケールに該当するうまい日本語が思いつかないだけです。「身の丈」とか「身の程」と言ってしまうと、なんだか卑下したようなイメージがあってちょっと違うのかなということで、ヒューマン・スケールという言葉を使います。文字通り、人間寸法ということです。まあ、人間寸法っていうのもおかしな言葉ですが。

何のことかとお思いでしょうが、現代がどんな時代なのかを考えてみれば、この意味はすぐに了解していただけると思います。

東京という巨大な都市の中空には、網の目のように高速道路が走っています。それらは、人間が歩くための道路ではありません。車が時速八〇キロメートルとか一〇〇キロメートルで疾走するための道路です。人間に備わった身体をどんなに鍛え上げても時速一〇〇キロメートルで走ることなんてできません。もし、自動車に乗っていれば高速道路は大変便利な交通路ですが、歩いている人間にとっては何の利便性も提供しない、むしろそれがあることで回り道を余儀なくされたり、危ない目にあったりと、無用で邪魔な存在でしかありません。

つまり、高速道路はヒューマン・スケールで作られたものではないということです。

産業革命以後の文明の進展は、まさにこのヒューマン・スケールを超えようとする技術革新の歴史でした。産業革命とは、人間生活の側から見れば、力の拡大であり、時間の短縮であり、空間の圧縮でした。技術とは、これらの作業を手や足で行っていた人間に、強力な梃子《てこ》を与えるものでした。

それまで、何時間も歩いて移動していたひとびとは、車の出現によって数分で目的地にたどりつくことができるようになりました。

職人たちが、重い材料を運び、汗を掻きながら削ったり曲げたりして作り上げていたものを、オートメーション化された工場では大量に、短時間で生み出しました。
コンピュータによって、設計速度は急速に上がり、人手ではとうてい不可能な大量の情報処理が可能になりました。

それらは、生物としての人間が生まれながらに持つ自然人としての能力を、どこまでも拡大してゆくことを可能にしたわけです。それは、機械や電気、電子の力を借りることで可能になったパワーです。

テクノロジーの進展が変えたのは、人間の能力の拡大だけではありません。

大量生産、大量消費という資本主義生産システムは、経済を一挙に拡大していきました。経済の拡大は、交換や物流といったモノの移動速度を飛躍的に高めました。

同時に、人間の価値の指標が、筋肉の強度や頭脳の性能以上に、富の蓄積に向かうという傾向を生み出しました。貨幣が人間の差別指標に使われるようになったのです。

この文明の進展を後押ししたのは、畢竟《ひっきょう》するところ、土地や、共同体に縛られた空間的にも時間的にも限定的な生き方を超え出て、万能の力を持ちたいという人間の欲望でした。

その欲望の行き着いたところが、まさに現代のテクノロジー社会であり、グローバル資本主義という経済であるというわけです。

わたしは、たとえば豹やピューマのようには走れないこと、数十メートル先までしか届かない声、一日に家族を養うだけの食料を獲得することしかできない狩猟や漁猟の生活は、人間にとっては限界であり、限定ではあるけれど、これらの自然人としての限界や、限定には意味があるのではないかと考えてもよいと思っています。

能力を限定された人間、それはまさに神が創った人間という生きものの裸の姿ですが、そこにはわたしたちがまだ気づいていない積極的な意味が隠されているのではないかということです。

こんなことを考える人間は多くはありません。

もちろん、経済やテクノロジーはそのような問題を取り扱おうとはしません。

経済もテクノロジーも人間の限界を超えることで進化してきたわけですから。

あたりまえです。

では、なぜそんなことを考えようとするのか。

その理由は、限界を超えるという人間の欲望や、それによって成しえた成果といったものが、もう限界にきていると感じることが、次々と身の回りに起きているからです。

経済的には、サブプライム・ローンという詐欺まがいの金融技術によって膨張した経済が、リーマン・ショックによって一気にしぼみ、いままた世界の先進国の経済が長期的なデフレや債務超過に悩んでいるということ。

グローバリズムという政治と経済の流れが、ひとびとを幸福にするよりは、格差を拡大し、秩序を乱す要因を生み出していること。格差が拡大しすぎて、民主主義が作り上げてきた中産階級を破壊して、世界が富めるものと、貧しいものに二分化されつつあること。テクノロジーの問題でいえば、インターネットが高速で吐き出す情報というものに人間が振り回され、人間がそれらを使いこなすよりは持て余すことが多くなったこと。

そして、原子力発電という究極のエネルギー生産装置が、取り返しのつかないような事故を起こしてしまったということ。

道具や貨幣を使いこなしていると思っていた人間社会は、いつのまにかそれらに振り回されてしまうようになってしまいました。マネーと実物経済の関係でいえば、『人々はなぜグローバル経済の本質を見誤るのか』を書いた水野和夫さんが言うように、頭（実物の経済）が尻尾（金融経済）を振っていたと思っていたけれど、尻尾に頭が振り回されているような倒錯《とうさく》が起きています。(1)

こういった事象が指し示していることをわたしたちは、どのように読解したらよいのでしょうか。

さらなる技術革新と経済発展によって、これらの問題を乗り越えるべきだという方もおられるでしょうが、わたしは違います。

ここらで、いったん立ち止まって、自分たちが求めてきたものが何であったのかを考えてみてもよいではないかと、わたしは思っているのです。

立ち止まるには、勇気が必要です。

誰もが、もっと成長をとか、もっと元気にとか、もっとアクティブにと唱える時代にあって、立ち止まるということは、内省的になるということであり、動き出すまえに落ち着いて考えるということであり、幾分かは暗い顔つきになることでもあるからです。

それでも、わたしはいまこそ立ち止まって考えるべきだと思っています。

おとなになるとは、落ち着きをもって過去と未来を計量する時間をもてるようになることであり、日本は十分おとなになるべき時代になっていると思うからです。

社会の成長とは何か

誤解をしないでいただきたいのですが、たとえば、わたしは高速道路なんか人間の生活にとって無用で、邪魔なだけの存在であり必要がないと言いたいわけではありません。

それらは、社会が発展するプロセスでどうしても必要なものであったと思っています。利便性に向けて、社会が物理的にも、ソフト的にも作り変えられ続けるということは、ほとんど人類史的な自然過程だといってもよいと思います。

しかし、社会が発展するということと、社会が成長するということは同じことを意味するのでしょうか。

わたしは、違うと思っています。

戦後の日本の社会は確かに大きな進展を遂げることができました。しかし、社会が成長したのかといえば、そう簡単にイエスとは言えないのではないか。

では、社会の成長とは何かということを考える必要があるでしょう。

これがなかなか難しいのです。

人間ならば成長ということが、どんなことであるかを誰でも自分の経験として知っています。

よちよち歩きの赤ん坊が、学校へ行き、友人を作り、顔ににきびをこしらえる頃には好きな子ができて、失恋や片思いの経験を重ね、やがて青年になり国家社会を論ずるようになります。そして学校を卒業し、会社に就職し、家庭を持って（持たなくてもいいのですが）、自分と自分の家族を養うようになります。

仕事を覚え、人間関係に悩み、少しずつ一人前の社会人（考えてみると変な言葉ですね）へと成長してゆく。

こどもがおとなに成長してゆくプロセスは、身体的な成長という自然過程に伴って、自分の世界が閉鎖的でちいさな親子関係から、開かれた大きな社会関係へと拡がってゆくプロセスだといえるかもしれません。

そして、身体が成長しきったところから、老いがはじまり、人間の成長は精神的な成熟に向かって深みを増していくことになります。この老いのプロセスこそは人間とは何ものなのかを理解する上で大変に重要なものだといえるでしょう。

どうしてそう考えるのか。

それは、成長のプロセスはひとりひとりバラエティがあり、それぞれ固有のプロセスがありますが、老いのプロセスだけはほとんど誰にも平等なものだからです。

成長とは、本来「生まれたときは平等」だったはずの人間が、個としての自分を確立していく過程で、お金持ちになったり、貧困に生きなくてはならなかったり、才能を開花させて名をなしたり、平凡な暮らしの中に幸福を発見したりというように、個々にばらけていくプロセスでもあるわけです。

もちろん、現実的には生まれたときには、すでに人生に差がついてしまっているということも事実でしょうが、ここではあくまでも原理的な話をしています。

どんな大金も、才能も、名誉も、墓場に持って行くことはできません。

その墓場までのプロセスとは、まさにばらけた個々がもう一度「死」という絶対的平等へと降り下っていくプロセスであるわけです。

わたしは、この二年間の間に続けて母親と父親の死を看取《みと》りました。

その間の経緯については現在別なところで書き綴っているところですが、両親の死の直前まで、わたしはかれらがいなくなるとは、どういうことなのかについて、まともに向き合っていなかったことに気づかされ、自分でも驚いています。そして、老いということがどういうことであるのかについては、ほとんど何も知らなかったということを知らされたのです。もし経験が深い意味を持つとすれば、それによって何かを知りうるということにあるのではなく、何を知らなかったのかということを知ることであると思います。知識を拡大し、積み上げていくのは自然過程であり、量の問題にすぎませんが、自らの知識がどんなものであったのかを知ることは失敗や挫折の経験を経なければできないことだからです。

老いや死はどんな人間にも平等に訪れ、人類史上誰もこれを避けて通ることはできなかったという事実のまえでは、誰もがたじろがざるをえないでしょう。それでも平気でいられるのは、そのことを深く考えることを無意識に思考から排除しているか、見て見ぬふりをしているかのどちらかでしょう。

いや、人間の思考には本来的に、考えるということ自体が終わってしまう死の観念をあらかじめ排除しようとする機制が働いているのかもしれませんね。

死や老いについての思考は、本来盲目的な生へのエネルギーを殺《そ》いでしまうことになりかねません。とりわけ自分の死はほとんどどんな問題よりも重大であり、重大過ぎるのです。無意識のうちに、深く考えることを思考から排除したとしてもしかたがないかもしれません。

しかし、老いの年齢に達したら、これらについて考えることも必要になってきます。それは、切実かつ避けては通れない現実的な問題だからです。

両親の介護を通して、わたしは幾分かは老いの意味ということを理解できるようになったと思っています。介護とは、自分の老いへのコミットメントでもあったのです。

わたしは、二年間の介護生活を経て、いまやっと老いについて語れる場所に降り立つことができたと思っています。

ところで、社会の成長ということになると、そう簡単にこれが成長だという説明をすることは難しいだろうと思います。もちろん、文明化、都市化、テクノロジーの進歩といったことで、社会の成長をとらえることはできるでしょうが、それは人間が成長して成熟してゆくプロセスとはかなり趣を異にしているといわなければなりません。

そこで、こんな問いに遭遇することになります。

経済的に成長することは社会の成長と呼べるものなのだろうか。

ひとびとの暮らしが便利になることは社会の成長と呼べるものなのだろうか。

テクノロジーの進歩と経済の拡大の過程で、地球規模で環境に影響を与え、欲望充足に向かって様々なモノを消費し、生産し続けることが社会に成長をもたらすのだろうか。

人間の社会は、「貧しい」狩猟民の未開社会の時代から、数千年の歴史を経て「豊かな」資本主義の爛熟《らんじゅく》期に至る今日まで、人間が成長しておとなになるように、成長し続けてきたといえるのだろうか。

そして、成長の結果が、もてあまして捨てるほどの商品に囲まれている世界の一方に、飢えや寒さで生死の間をさまようような貧困を大量に生み出している現在の市場経済の姿ということなら、社会の成長とは残酷なものだというほかはありません。

これはなかなか難しい問題です。

豊かさへいたるふたつの道

グローバリズム、新自由主義を主導した現代経済学の頭目的存在であるミルトン・フリードマンはその著書『選択の自由』の中で、同じく新自由主義体系を生み出したフリードリッヒ・ハイエクの著書名を引きながら次のように述べています。

われわれは『隷従への道』を速度を速めながらころげ落ちていくことになるか。それともいまこそ政府に対して厳しい制限を設け、われわれがそれぞれもっている目的を達成するため、自由な個人相互間における自発的な協力にいっそう大きく依存をしていくようにするのか。このどちらの道を選ぶかという「選択の自由」を、依然としてわれわれはもっているのだ。

（『選択の自由』M&R・フリードマン著、西山千明訳、日本経済新聞社、一九八〇年）

フリードマンは、人間が「隷従」状態から、自由な個人が自発的に協力する「自立」へ向けて成長してきたのであり、これからもなお一層「自立」への道を邁進《まいしん》しなければならないと考えているようです。「隷従への道」が具体的に何を指し示しているのかはこの文章だけからはよくわかりませんが、巨大な官僚国家であるソビエト連邦や、あるいはもっと歴史を遡って王権や封建領主が支配したヨーロッパ、奴隷制度の上に都市国家を築いた古代都市まで含めて考えてもよいかもしれません。

いずれにせよ、人間の歴史は個人が自立し、権力者の圧政への抵抗のなかから民主主義を発見し、共同体のくびきからの解放というかたちで自由を獲得してゆく歴史であったわけで、その意味ではフリードマンが言っていることは間違いであるとはいえません。

しかし、経済政策において、いかなる国家的な調整も排除すべきであり、自由な競争にゆだねれば市場の原理が最適な調整を行うというなら、それは民主主義の一形態というよりは、強者の欲望に加担するイデオロギーであるというべきです。フリードマンらの理論は、当初は、ケインズ主義（修正資本主義）や、その実践者でもあったニューディーラーたちへの対抗的な思想でしかありませんでしたが、七〇年代に南米で、八〇年代には、マーガレット・サッチャーの英国とロナルド・レーガンの米国において実際の経済政策として採用されることになりました。

以後、このイデオロギーは、またたく間に世界を席巻《せっけん》し、社会保障、福祉予算は削減され、民営化による徹底した競争原理の導入、選択と集中による選別的な投資、大企業優位の税制などにより、それまで関税障壁によって守られていた産業は弱体化し、国営企業は解体され、貧富の格差が拡大し、金銭一元的な価値観が瀰漫《びまん》していったことは、見てきたとおりです。

ネガティブな面だけを挙げるのはフェアではありませんね。何か、ポジティブな面はあったのでしょうか。景気の回復、大きな負債を抱え込んだ国家財政の修復などの現象があったかもしれませんが、いずれも一時的なものでしかなかったのではないでしょうか。大企業は概《おおむ》ね大きな利益を得ることになったとは、いえるかもしれません。そして、富めるものをさらに富めるように促進する政策が、最も貢献すると期待された経済成長は、それが果たして実現されたのか否《いな》かの結論が出ていません。

いずれにせよ、市場原理主義は、その原理から必然的に、経済における国家の枠組みを害悪とみなしますので、フリートレード、グローバリズムへと世界は動いていったわけです。

選択と集中による先富主義、関税撤廃による自由貿易、富の再配分を否定する自己責任論、欲望の肯定と金銭一元的な価値観などはすべて、経済成長こそがすべての問題を解決するという前提から生まれたひとかたまりのロジックであるといえるでしょう。

これについては、後ほど詳しく論ずることになるでしょうが、わたしはそこにひとつの病理を見てしまいます。ひとことでいえば、これらの思想は、どんなに精緻《せいち》にできていようとも、どれほど世界を席巻しようとも、人間理解において、おとなになれない小児病的な欲望のバイアスを強く受けているということです。小児病とは、成長したいということが一義的であり、おとなになることを無意識に拒否しているということです。これらのことに関しては、後ほどまた詳しく論ずることになるでしょう。

フリードマンはシカゴ大学を拠点として活動し、一九七六年にノーベル経済学賞を受賞しましたが、その同じシカゴ大学でフリードマンとはまったく異なった視点（正反対といってもいいでしょう）から経済と人間の関係について衝撃的な論文を発表していたのが、マーシャル・サーリンズです。

サーリンズは、未開社会の経済について論じた『石器時代の経済学』の中に次のように書いています（すこし長いのですが、いまのわたしたちの社会を考えるうえで大変示唆深い考察なので引用したいと思います）。かれは、未開社会の狩猟民の生活は、貧しくもなければ、劣っているわけでもなく、むしろ豊かさに溢《あふ》れているといいます。

狩猟民がゆたかさにあふれていると断言することは、だから、悲劇が人間の宿命的条件であって、人間のかぎりない欲望とその不十分な手段とのあいだの恒久的な懸隔のゆえに、人間は苛酷な労働を強制された徒刑囚だ、という考えを否定することにほかならない。

なぜなら、あふれるゆたかさへいたる道は二つ可能だからだ。欲望は、多く生産するか、少く欲求するかによって、《たやすく充足》できる。ガルブレイス風の、周知の考え方は、市場経済にとりわけ適した仮定を根拠としている。つまり、人間の欲望は、無限とはいわないまでも、たいそう大きく、これにたいしその手段は、改良はできるが、限られている。こうして、手段と目的とのあいだのギャップをうずめるには産業の生産性が必須とされ、すくなくとも《緊急に必要な財》はこうして豊富に提供される、というわけである。ところが、あふれるゆたかさにいたるためには、もう一つ禅の道がある。これはわれわれの道とはいささかことなる前提から出発する。つまり、人間の物質的欲望は有限で僅少であり、技術的手段は変えなくとも全体として欲求に適している、と考える。禅の戦略をとると、ごく低い生活水準でも、比類のない物質的潤沢さを享受できるわけである[11]。

いきなり、「禅の道」なんて言葉が出てきてドキリとしてしまいますが、サーリンズの言わんとすることはよくわかります。かれは、未開社会の狩猟民の経済とは、この禅の道のようなものだと言っているのです。足るを知る生き方が未開社会の狩猟民の経済なのだと。

サーリンズの主張が、フリードマンのようなマネタリストと噛み合わないのは当然でしょうが、この文章でケインジアンとしてのガルブレイスを引き合いに出していることに注意を払う必要があるでしょう。

先に引用したフリードマンは、ケインズ的な政府による市場への介入を強い口調で批判しました。戦後ずっと、自由主義経済をどのように運用してゆくのかという経済学上の議論がありました。たとえば政府が国民の財の再配分の調整機関になるべきか、ちいさな政府にして市場原理にまかすべきかという議論を背景に、フリードマンのような市場万能主義的な考え方が出てきたわけです。

ところが、サーリンズはそれが政府の干渉をまったく認めない新古典派的な経済学であれ、大きな政府による調整型のケインズ経済学であれ、当今の「限定経済学」というものの社会に対する立ち位置そのものを相対化しているわけです。

フリードマンは、現実に行われている経済政策について分析し、ニューディーラーたちの修正資本主義を激しく攻撃しましたが、サーリンズはもっとずっと射程の長い、文明史的な到達地点に対してもうひとつの現実を対置させようと試みました。それを「限定経済学」に対して人間の社会を読み解くための「普遍経済学」と言ってもよいかもしれません。

人間の社会は、お金の動きだけで説明できるわけはない。

人間の社会を理解するには、人間そのものを見なければならないということでしょうか。そして、かれは石器時代にまで遡って、人間の社会を観察しました。

いや、なにも石器時代にまで遡る必要もないのかもしれません。

貧しかったがゆえの豊かさ

サーリンズの考え方は、戦後の日本の社会の変転を考えるときにも有力なヒントを与えてくれます。たとえば、貧しかった昭和三十年代の日本の風景が、向日的な幸福感に覆われていた日々として思い出されるのは、なぜなのか。それはまさに「貧しかったがゆえの豊かさ」というところに行き着くはずです。

限定的な経済学から見れば、それはパラドクスでしかありませんが、普遍的な経済学を用いれば説明可能になるのです。

サーリンズが述べているように、貧しさと、豊かさは、普遍経済学の中では共存できる概念だからです。

飽食の時代といわれる当今の社会状況を見ていると、確かに全体としては物質的豊かさを実現できているのですが、豊かさを実感できないひとびとが溢れ、満たされない欲望だけが無際限に拡大しているような空虚感に襲われるというのが実態ではないでしょうか。

はたして、これが成長した社会の姿だといえるのか、疑問が湧いてきます。どうして、こんなふうに感じられるのか、そのことを単に感情的・感覚的な言葉ではなく、論理的にも解き明かしていこうというのが本書の趣旨でもあるわけです。

未開社会だろうが、超モダンな社会だろうが、それを構成している人間の方は自然成長から自然老化を繰り返すことには変わりはありません。

しかし、その人間が作り出す社会のほうは、どうも一方通行のように発展だけを目指して進んでいるかのように見えます。一方通行の発展とは、経済の拡大を意味し、経済の拡大とは、欲望の不可逆的な膨張を意味しています。なぜなら、欲望こそが経済を活発化させ、経済の発展こそが、社会の発展だと多くのひとびとが考えているからです。

先に引用したミルトン・フリードマンは、アダム・スミスの言を借りて、まさに市場経済こそがこの人間の自由で放埒《ほうらつ》な欲望と、人間どうしの協同を調整するシステムなのだと言っています。確かにそれはその通りであり、市場経済は時代とともに拡大していくのでしょうが、果たして経済の拡大が人間を隷従状態から解き放つ進歩に直結するのかといえば、そうとばかりはいえない状況が生まれてきているのも確かなのです。

交通網が整備され、巨大な建築物がならび、ショッピングセンターには溢れるばかりの商品が並べられ、街には夜間でも煌々《こうこう》と電気がともされ、寒い冬は暖房装置によって快適な春に変えられ、猛暑の夏はエアコンが秋の風を作り出しています。

それをひとびとは文明の進歩と呼ぶのでしょうが、その進歩とは人間がどこまでも自然の与える条件を人工的に変更し、自然との隔たりを拡大する一方の、終わりのない旅を続けているようなもののように思えてしまいます。でも、どこに向かって進んでいるのかは誰にもわからない。

しかし、サーリンズは、そもそも未開社会が隷従的な社会であったということ自体が偏見に満ちた、現代からの視線がとらえた像なのだと言っているのです。

フリードマンが指摘するように、わたしたちは、とりわけ西欧先進国に住むひとびとは、国家や共同体的しがらみという隷従から離れて、ひとりひとりがひとりひとりの欲望に忠実になることで自己を発見し、自立するという選択をしてきたのです。別の言い方をすれば、わたしたちは、自分の欲望を肯定し、自分の生き方を自分で決め、自分の生き方に自分で責任を持つことを身につけてきたのです。

そのような社会の「進歩」の果てに、わたしたちは意識するにせよ、無意識にせよ、未開の社会の人間には考えもつかなかった人間と自然（世界）の関係のなかに押し出されたのです。人間の肥大化した欲望の行き着くところは、移り変わる自然現象を一定の温度と、一定の湿度に固定化することでしか満たしえない身体的満足であり、人間は自然に従うのではなく、自然は人間によってコントロールされるべきものだという世界観であったのです。

「進歩の差異」から「構造の差異」へ

未開社会における人間的な諸問題が、モダンな社会ではすべて解決済みかといえばそんなことはありません。

ましてや、未開社会の人間が不幸で、モダンな社会の人間が幸福であるとはとうていいえないだろうと思います。

未開社会が必ずしも未成熟で、プリミティブで、モダンな社会より劣っているわけではないということは、マルセル＝モース、カール・ポランニー、クロード・レヴィ＝ストロースといった人類学者が、様々な対立項を比較して読み解いています。そもそもプリミティブ、モダンという二項対立自体が、現代の価値観に軸足を置いたものの見方であって、それが客観的な比較であるという根拠など存在していません。

社会の構造（台座といってもよいですが）が違えば、行動様式も価値観も異なってくるのは当然です。未開社会では、進歩することに価値があるとは必ずしも考えてはいない、いや、進歩という概念すらそもそも存在していない。

だから、現代社会と未開社会を文明や技術の進歩といったひとつの尺度で比較することには意味がないのです。

進歩という概念が成り立つためには、未開社会が遅れた社会であり、それがいずれは開化していって文明化されるのであり、それが歴史の必然であり、人間にとってよきことなのだといった進歩史観が背景になければなりません。

しかし、それはあくまでもモダンな社会が作り上げた「進歩（という物語）」から見ての話であり、進歩という概念が意味をなさない歴史観、つまりただ繰り返されるだけの日々を、将来にわたって引き継ぐことが生きることの本源であるというような歴史観（まさに歴史の終わりですね）のことは、この物語からは最初から排除されているわけです。

ここで、わたしは、進歩も不易《ふえき》も人間の頭の中で作り出された虚構にすぎないと考えているわけです。問題はそれらに優劣があるのではなく、ふたつの解釈があるということだけだということです。そして、日本には、もともとそのような思想が存在していたのです。

芭蕉は『奥の細道』で、「不易を知らざれば基立《もとた》ちがたく、流行を知らざれば風新たならず」と言っています。いかにも芭蕉が言いそうな味わいのある言葉ですが、それ以上に重要なことをかれは続けます。それは、「その本《もと》はひとつなり」と言っていることです。

その本はひとつなり。つまり、変化も不易も同じ人間の本質の中にあり、どちらか一方だけを見ていたのでは、人間も、人間の社会も理解することができないということです。

レヴィ＝ストロースらの功績は、社会を考える尺度として、未開から文明への時間的推移をもとにした「進歩の差異」ではなく、ふたつの社会の内部をかたちづくる「構造の差異」を発見したことです。つまり、現代の社会が持っている思考の方法、親族関係、社会システムなどのすべては、未開社会において未分化で混沌《こんとん》としたものとしてではなく、別のかたちで持っていたということです。そして、文明社会は未開社会の発展形というわけではなく、文明社会と未開社会の差異の本質は、それらの社会を特徴付ける構造の差異だけなのだということを観察し、記述しました。

それは、別の言い方をすれば、西欧文明史観、ヨーロッパ中心主義といったものを相対化する試みであったわけです。

わたしは、自分たちの社会の価値観全体を相対化するということがどれほど困難なことか、そしてそれを為すことが知性にとってどれほど重要なことかをかれらの作業から学びました。

そのうえで、現代の日本のおかれている現状をもう一度考えてみたいと思っているのです。

つまり、サーリンズが言った「他の道」があったのではないかと、相対化する試みです。

とはいえ、わたしが本書で、これから問題にするのは、文明史的なひろがりのある大きな問題ではありません。それは直近の、もっとちいさな問題です。もちろん、文明史的な問題を考えないということではなく、ちいさな日常のなかにも重要な問題が横たわっているということであり、むしろわたしたちが生活の中で逢着《ほうちゃく》するちいさな問題に対して、どのような立ち位置をとるべきかということを考えてみたいと思うのです。

そのようなわけで、わたしは、向こう三軒両隣りのちいさな物語からはじめたいと思います。

まずは、昭和三十年代の日本人の生活が、なぜ懐かしく、向日的なやさしさに溢れているように見えるのかを考えてみたいと思います。つまり、近代化ということの意味を探っていくことで、なぜ3・11の大震災に前後する消費資本主義経済のなかでの日本人の生活が、多くの人間的な問題を解決できないままであり、将来に対する展望も希望も持てないのか、そのことの意味をはっきりさせてみたいのです。

それは、進歩とか国際競争力とか、経済大国といった概念を相対化する試みでもあるということです。

第二章　街角のフォークロア

久が原商店街でしゃがみ込む筆者
（昭和三十年頃）

オリンピック以降、老いのプロセスというものが、進歩や発展という言葉の背後に隠蔽される。本来はあった、いやいまでもそこにあるものが見えなくなった。

大田区、わが町

いま、わたしの目の前に『昭和三十年代の大田区』（三冬社、二〇〇八年）という本があります。昭和三十年代の東京の南に位置する町の光景を写真で綴ったものですが、その本に所収された写真を懐かしく眺めているうちに、わたしはちょっとした感慨を覚えることになります。

その感慨の原因は、写真の中に映り込んでいるこどもたちの、なんともいいようのない、屈託のない笑顔です。当今、このような笑顔をあまり見ることがなくなりました。

そして、その笑顔こそがまさに昭和三十年代のわたしの記憶なのです。

昭和三十年代というのは、わたしにとっては五歳から十五歳までの、大田区で過ごした十年間ということになります。

大田区のホームページには、「昭和22〜38年　大田区の誕生から経済成長の時代へ」と題して、次のような記述があります。

終戦直後の現大田区域の人口は約18万5、000人。戦災住宅戸数は旧大森区で約2万7、000戸、旧蒲田区で約4万戸にのぼりました。食料や電力の深刻な不足などに悩まされながらも、昭和20年代後半には工業生産額が急回復、現在の大田区の基礎が築かれていきます(iii)。

なるほど、大森区と蒲田区が合わさって大田区になったわけですね。

3・11を経験した後では、ここにある「電力の深刻な不足」という言葉にも、ひっかかりを覚えます。一九五五年には、早くも原子力基本法が成立しますが、実質稼働はずっと後になります。

資源エネルギー庁が公表している「年間発電電力量構成の推移」で、一九五二年の発電比を見ると、水力発電が七九・八パーセントと圧倒的で、石炭による火力発電が一八・九パーセントとなっています。原子力発電が実質稼働し始めるのは一九七〇年（最初の発電は一九六三年の東海村）なので、日本はもっぱら水力発電でエネルギー供給をしていたわけです。岐阜の丸山水力発電所や、黒部川第四発電所などの国家規模の事業がスタートしたのもこの頃です。

実際、戦後のエネルギー不足は深刻なものがあり、停電も頻発しました。パーマなど電気を使う床屋の多くが月曜日休日なのは、その日が計画的な停電日であった名残《なごり》であるといわれています。

さて、二〇一一年四月現在の大田区の人口は、住民基本台帳によれば六九万四四一四人となっていますが、昭和三十年（戦後十年）にはすでに五六万八〇〇〇人になっており、戦後まもなくの一八万五〇〇〇人から急激に人口が流入して都市化し、あとは横ばいが続いていることがわかります。

わたしが生まれて育った町は、蒲田駅から池上線というローカル線で三つ目の千鳥町《ちどりちょう》という駅の近くで、何の変哲もない大都市の周縁、つまりは場末《ばすえ》の町でした。わたしの実家のある一〇〇メートル四方のブロックには、四つの町工場がほぼ等間隔に道の両側で操業していました。つまり、京浜工業地帯の隅っこのちいさな町というのが、わたしの町のプロフィールです。

わたしはその町で生まれてから大学を卒業するまで、両親と弟と一家四人で暮らしていました。いや、実際には、わたしの実家は町工場でしたので、そこに住み込みで働いている兄貴分のような職工さんたちも一緒に、食卓を囲んでいました。だから、プライバシーなんていうものはほとんどなかったし、それがないということに特段の不便も感じることはありませんでした。そういうものだと、もの心がついた頃より思っていたわけです。

わたしの家の生活も、隣の植木屋さんの生活も、その隣（何をやって生計を立てていたんでしょうかね）の生活も大差のないものだったと思います。

わが家と隣の植木屋さんとのあいだには、ちょっとした植垣があるだけで、塀もなく地続きでした。植木屋さんですから、二〇〇坪ほどの広い土地があり、そこには自然の庭のような感じで灌木《かんぼく》の林があり、さまざまな植物が花を咲かせ、おおきな蜂の巣が木陰の中に潜んでいました。

一度、近所の仲間とその林でかくれんぼをしていて、我知らずその蜂の巣を荒らしてしまい、全身蜂に刺されて泣き喚《わめ》いたことを覚えています。

庭の一角には鶏小屋があって、十数羽の鶏が餌を食《は》み、刻《とき》を告げ、卵を産み、ときには庭先に吊るされて屠《ほふ》られた後、わたしたちの食卓に並べられました。

東京の南の外れとはいえ、このような牧歌的で野性的な風景が広がっていたということに、感慨を覚えないわけにはいきません。

わたしの父親は、埼玉の農家に後妻の長男として生まれました。終戦から数年後に結婚

弟と手をつなぐ筆者（昭和三十年頃）

し、一念発起で東京へ出て、この風景の中の土地を地主から借りてちいさなプレス工場をつくりました。多摩川沿いにある三菱重工や、キヤノンといった工場の下請け工場から、孫請け、ひ孫請けというかたちで仕事を回してもらいながら一家を養っていました。

当然、生活は大変貧しく、食卓にならぶものは粗末なものであり、風呂もなく、電化製品などもほとんどなかったと思います。周りの家も似たような暮らしぶりでした。その頃の生活とは、風呂を借りたり、お醤油を分けてもらったりといった近所との共存であり、台風がくるといえば戸口に板切れを釘で打ちつけて補強したり、女たちは井戸端で隣近所の噂話や姑《しゅうとめ》女の悪口を言いあったりといった日々であったわけです。

地縁共同体の時代

読者のみなさんは『隣組《となりぐみ》』という歌をご存知でしょうか。

このころの庶民の生活をうまくとらえた面白い歌なのでご紹介しておきます。作詞は岡本一平、作曲は飯田信夫です。岡本一平とは、あの岡本太郎の父親で、漫画家として名を馳せた人物です。一方、飯田信夫は数々の映画音楽を作曲しました。

メロディは、実は「ドリフ大爆笑」のテーマになりましたので、聞き覚えのある人が多いでしょう。

1. とんとん　とんからりと　隣組
格子を開ければ　顔なじみ
廻して頂戴　回覧板
知らせられたり　知らせたり

2. とんとん　とんからりと　隣組
あれこれ面倒　味噌醤油
御飯の炊き方　垣根越し
教えられたり　教えたり

3. とんとん　とんからりと　隣組
地震やかみなり　火事どろぼう
互いに役立つ　用心棒
助けられたり　助けたり

4. とんとん　とんからりと　隣組

何軒あろうと　一所帯《ひとしょたい》
こころは一つの　屋根の月
纏《まと》められたり　纏めたり

この隣組とは、一九四〇年に明文化された日本独特の制度であり、戦時体制の銃後を守る生活基盤をつくるためにという目的で組織されたものです。国家総動員法や、国民精神総動員法などとともに、戦時下の日本に生まれたものであり、当然その功罪に関しては様々に論じられる要素を含んだものです。たとえば戦時翼賛《よくさん》体制下においては、この隣組が国民の相互監視の機能を果たしたり、関東大震災のときには制度化される以前の隣組組織が自警団となり、朝鮮人迫害の原因となる流言蜚語《りゅうげんひご》の伝達源となったりした暗い歴史があります。

同時に、まだインターネットもなく電話もない時代に、地域の連絡網としてこの組織が機能したり、互助的な連帯が生まれたりといった点は評価すべきところだろうと思います。

何よりも、一般庶民にとっては貧しさを分かち合って生きるための地縁共同体であり、生活の規範や倫理といった生活意識の基盤をつくっていったことは否定できないところです。

本書を読みすすめていただければおわかりになると思いますが、わたしの実家はほとんどこの隣組の中心的な存在であり、わたし自身はこの隣組的なしがらみや、価値観といったものからいかにして逃れるのかといったことが青年期のテーマのひとつになりました。ひとことでいえば、この隣組的価値観が嫌で嫌でたまらなかったのです。

ここでは、昭和三十年代の日本の光景に、わたしが嫌ったこの隣組的な価値観や風景がひとつの輝きを与えており、それは将来への可能性でもあったということをこれから見ていこうと思っています。

アンビバレントな原風景

隣組的な価値観が嫌でたまらなかったと言いましたが、これから綴ることは単なる過去への憧憬や賞賛ではなく、嫌悪の感覚もあるアンビバレントな感情が背景にあることをはじめに申し上げておきたいと思います。

本書をお読みの若い読者にとっては、なんと大昔の話をしているんだと思うかもしれませんが、わたしにとってはそれほど大昔という感じではなく、ちょっと前の日本の光景を綴っているという気持ちなのです。

ここでは、わたしが実際に生きてきた昭和の時代に分け入って、すこし詳細に論じてみたいと思います。

ちょっと、これまでの記述と雰囲気が異なりますが、虫眼鏡で、その時代を拡大してみるような感覚で、お付き合いいただければと思います。

戦後十年で、はやくも敗戦の瓦礫《がれき》の街から復興したとはいえ、総体的に見れば、日本は東アジアの一角の、のんびりとした貧しい田園国家でした。

今ではほとんど見られなくなった光景が、隣近所のこどもが道をいっぱいにつかって遊んでいる光景です。

わたしの家から一〇メートルほど離れた、池上線の踏切のある線路端に二階建ての明電舎の寮がありました。寮の門から薄暗い内部に入ると、真ん中に通路があって、うなぎの寝床という形容がぴったりの、六畳一間にちょっとした台所がついた部屋が規則正しく内通路の両側に並んでいました。当時の典型的な会社寮だったと思います。ここには、独身者ではなく、多くの家族が生活しており、こどもも二〇名ほどはいたのではないかと思います。

わたしは、その悪がき連中と毎日泥だらけになって遊んでいました。

近所にはまだ防空壕が残っており、こどもの冒険心を駆り立てるには格好の遊び場だったのです。光明寺《こうみょうじ》という寺があり、その裏手には池があってそこでもよくザリガニ釣りをしたのを記憶していますが、まさに自然がこどもの遊び場だったわけです。

ザリガニ釣りといっても、わかる方は多くないかもしれませんが、だいたいは、スルメを使います。

まず、自分で口にして、ほとんど味がなくなるまで噛んで、それを釣り糸の先にぶら下げると、ザリガニがはさみで摑《つか》んでくるのです。

スルメがないときは、蛙を殺して八つ裂きにして、それを釣り糸につけます。スルメよりもこちらの方が、ザリガニの食いつきが良かったのを覚えています。

今から思えば、ずいぶん残酷なことをしているようですが、それが自然の中で遊ぶということだったのです。

ただ、自然とはいっても大自然というものではありません。

防空壕も、池も、空き地も人間がつくったものです。

それでも、そこには土と水と汚れのない空気だけは確保されていました。

このすべてが、後に続く高度経済成長の過程で、公害で汚染されてしまうのはご存知のとおりです。

あの時代には、街角にこどもが溢れていました。ベビーブームだったのです。なぜ、この貧しい時代にベビーブームが到来したのかは、大変興味深い論件ですが、その話は長くなりそうなので後にしましょう。

こどもたちが道をいっぱいに使って遊んでいた話をしていたのでした。

その風景を切り取りたいのです。

明電舎の寮の前は、幅七メートルほどの道になっていました。その道にドッジボールのラインがチョークでひかれ、こどもたちの賑やかな歓声が飛び交っていました。このドッジボール遊びには、近所のこどもたちの、ほぼ全員が年齢を問わずに参加しており、年長者が年少者を叱ったり、励ましたり、教えたりする自発的な学校のような趣がありました。

その明電舎の寮には、わたしより五歳ほど年長の、大変頭のよい兄貴分のような方がいて、わたしはかれに勉強を教わり、小説を読む楽しみを教えてもらいました。

今でいう、家庭教師ということなのでしょうが、当時わが両親がかれに家庭教師を頼み込んだというよりは、ほとんど自発的に、近所のこどもを、近所の兄貴分が面倒をみるといった雰囲気があったのです。

かれには、勉強を教えてもらいましたが、はじめて近所にできたラーメン店に連れて行ってもらったり、多摩川で水泳を教えてもらったり、ときには性教育もしてもらっていたわけで、いまの家庭教師とはだいぶ趣が異なっています。

最近になって思い出したことですが、わたしの家の前の道にはどぶ川が流れていました。このどぶ川には、ときおり雷魚が迷い込んだり、めだかが泳いだりしました。このどぶ川も、こどもたちには格好の遊び場であり、各家の門前のどぶ板の下は、かくれんぼの隠れ場所だったり、冒険心をそそる暗がりだったりしたわけです。東京本所《ほんじょ》の下町で育った芥川龍之介は、「汝と住むべくは下町の水どろは青き溝づたひ」と詠《うた》いましたが、実際のところ、そのような生活の光景は、わたしが生まれた昭和二十五年（一九五〇年）から、昭和三十九年（一九六四年）まであまり変わらずに続いていました。

なぜ、年代を特定できるのかと言うと、昭和三十九年を境に日本の光景ががらりと変化したからです。

この年に日本に何が起きたのか。

はい。東京オリンピックです。これを期に日本が極東の敗戦国から、世界の中の貿易国家へとものすごい勢いで近代化していきます。ちなみに、原子力発電所が最初の発電を行うのもこの頃（一九六三年）です。

こんな思い出ばなしを長々とした理由は、わたしは、わたしの年代（一九五〇年生まれ）の多くの日本人と同様、オリンピック以前のわたしの町の光景に、強い吸引力を感じているのだということを知っていただきたかったからです。

わたしは何に惹《ひ》かれているのでしょうか。

誰でも昔を懐かしむのは世の常ですが、たとえばオリンピック以後の高度経済成長の時代（それも一昔前の話です）に感じる郷愁とはまったく別の吸引力がこの時代に固有なものとしてあったのだというほかはありません。だからそれは単に過去を美化し、それを懐かしむというのとは少し違うのです。

その吸引力を列挙するならば、それは町の規模、町の匂い、町に暮らすひとびとの繋がり方、町の雰囲気というものです。でもそれだけであれば、オリンピック以後の時代にだって惹かれるはずです。その違いをうまく説明できれば、本章の目的の半分は達成された

工場のあった実家の前の道。オリンピック以後、舗装されドブ川も暗渠になった。

ともいえます。

オリンピック以前と、以後で何が違うのか。

あえて言葉にするならば、人間と自然との関係が一八〇度転換したということかもしれません。

第一章に、成長は、生まれたときは平等だった個々人が、次第にばらけていくプロセスであり、老いとは、そのばらけた個々人が、ふたたび死という絶対的な平等へ戻っていくプロセスなのだと書きました。

これは、自然人としての人間のうえに展開される、自然のプロセスそのものなのですが、オリンピック以後は、老いのプロセスというものが、進歩や発展という言葉の背後に隠蔽されてしまいました。家の前のどぶ川が、コンクリートの板で塞がれて暗渠《あんきょ》になったように、本来はあった、いやいまでもそこにあるものが見えなくなっているのです。

誰もそういうことに真剣に向き合ったり、考えたりしなくなったという意味です。

いや、俺は考えているよという方がおられるかもしれませんが、わたしが言いたいのはひとりひとりの事情ということではなく、経済成長という病に、日本という国が罹患《りかん》したということなのです。

そのことの細目は以前に『経済成長という病』（講談社現代新書）に書きましたのでここには繰り返しませんが、端的に言えば、歴史上十分にありうる経済成長の終わりということを、まるで禁忌《きんき》でもあるかのように、思考の外に追い出してしまったのです。

どこまでも成長し続ける人間というものがあったとすれば、それは自然の摂理から逸脱した病だといってよいでしょう。

しかし、そうは考えずに、永遠に成長し続ける夢に多くのひとびとが取り憑《つ》かれていました。

その究極の姿が、人間がうまく取り扱うことのできない原子力というものに、頼って生きようとしてきたことだろうと思います。原子力エネルギーの廃棄物は、人間の生存年数を遥かに超えて放射能を発散し続けるという誰にでも明らかな事実でさえ、なんとかなると思い込んでしまったわけです。原子力のいちばん根本的な問題は、それがヒューマン・スケールからあまりにもかけ離れた問題系であることだと、わたしは思っています。

ヒューマン・スケールという話をしましたが、オリンピック以前の日本には、その時代に暮らす人間のサイズに沿うように生活している光景がありました。『Ａｌｗａｙｓ　三丁目の夕日』という映画がありましたが、あれよりももう少し場末感のある町を想像していただければよいかと思います。それでも町の雰囲気も、ひとびとの表情も、あの映画とそっくりで、当時の青春時代を生きたひとびとは誰もがそう感じることができるのではないでしょうか。それがあの映画のヒットの理由でしょう。

つまり、昭和三十年代の大都市周辺には同じような町の光景が広がっていたということであり、その光景は多くの日本人にとっての「原風景」のようなものだということです。原子力も、高速道路も、新幹線もなかったが、不思議な活気を有していた日本の街場の光景です。

この町の原風景を構成している要素は何であったか。

それについて語ることから、いよいよ「小商いのすすめ」というタイトルに沿った話がはじまります。

長いまくらになってしまいましたね。

商店街のある暮らし

昭和三十年代の町の風景を構成していたのは、路地裏や商店街に明かりを灯《とも》していた小商いの店であり、その店先での町のおっかさんと店のおやじのちょっとした立ち話であり、日に日を継いでいくような生活のなかに流通していた価値観であるといってもそう的《まと》外《はず》れではないでしょう。

それらが作っている町の景観は、高速道路が作り出したそれとは、規模も空気も、音も、匂いも違っています。

高速道路の方が、機械とコンクリート、ビル風やガソリンの匂いを連想させるものだとすれば、小商いが作る町から連想されるのはまさに、袖触れ合うひとびとの体温であり、町工場から漏れてくる鉄粉と油の匂いであり、商店街に並べられた生魚や、揚げ物の匂いです。人間の汗や、どぶ泥や、人間に食べられる動植物の死体の臭いがむき出しになっている、まだまだ貧しい時代であったといってもよいでしょう。

夕暮れ時に、家々からおかあさんたちは買い物かごをぶらさげて近所の商店街へ出向いていきます。雨が降ろうが、風が吹こうが、おかあさんたちは毎日毎日、商店街へと出かけていきます。

一昨年の末に母親を亡くしたわたしは、彼女が半世紀の間、錆《さ》びた買い物カートを引きずりながら自宅から商店街までの道のりを毎日とぼとぼと歩いていたことを、思い出します。

今なら、台所の大型冷蔵庫に一週間分の食材を買い置くということが可能ですが、当時は誰の家にも電気冷蔵庫というものはまだ設置されていませんでした。

八十二歳で生涯を終えた母親は、最初にこの東京の南のはずれにある工場町に移り住んだ時（昭和二十年代）の生活様式を、生涯を終える直前まで変えることはありませんでした。

時代が移り、わたしの実家も随分と近代化され、シロモノ家電が並びました。家に大きな（大きすぎる）冷蔵庫があるのに、毎日毎日同じ道を通り、同じ店で食材を買い、不要な用品を買わされて、家には値札の付いたままの寝巻きや、タオルや、食器が積まれていきました。

母親が亡くなってわたしが最初にしたことは、冷蔵庫と押入れいっぱいに詰まった不要物の撤去でした。

なんと、この作業に一週間かかり、大型トラック二台分のゴミが出たのです。

もうすこしで、老人夫婦の家はゴミ屋敷になるところでした。

戦後まもなく、白黒テレビ、冷蔵庫、洗濯機という耐久消費財は三種の神器と喧伝《けんでん》されました。高度経済成長期には、3Cといわれる文明の利器、つまりカー（自動車）、クーラー（エアコン）、カラーテレビが一般的になりました。

高度経済成長期には、こういった新しい耐久消費財が、ひとびとの生活の中にものすごい速度で入ってきたのです。

東京の南の外れのわが町工場にも、ほとんど毎年のように新しい電化製品が備えられていきました。耐久消費財の生産工場は、次々と設備を拡充し、生産量も増大しましたが、国民の需要は生産の拡大と歩調を合わせるように拡大しました。

まさに、経済における拡大均衡の時代だったわけです。

しかし、地方都市や、場末の町にまで入ってきたこれらの文明の利器をわたしの母などは使いあぐねていたようです。

買い置きができるようになってからでも、多くのおかあさんたちは家族の胃袋に入れるものを仕入れるために、毎日商店街へ通い続けるという習慣を止めることはありませんでした。

夕暮れ時の商店街の賑わいは、同じ時間に、同じ道を通って、同じ店で買い物をする、同じ町のひとびとによって作り出されたものです。東京の町を歩いていると、町の血管のような商店街を抜けると、また別の商店街に入って、もうひとつの町に繋がる光景に突き当たります（確か川本三郎さんが、同じことを書いていました）。

その筋に並んでいるのは、しもた屋づくりの豆腐屋、八百屋、魚屋、肉屋、乾物屋、果物屋といった食品の店であり、衣料品店、雑貨店、文具店、経師屋《きょうじ》、床屋、風呂屋といったところです。

つまり、そこに行けば生活に必要なものは何でも揃えることができたわけです。

大店法（大規模小売店舗立地法　二〇〇〇年六月施行）が施行され、大型スーパーの出店が自由にできるようになったのは、前の世紀が終わるころで、一九九〇年代から二〇〇〇年にかけての日米構造協議による規制緩和の動きの中での出来事です。

すでに多国籍企業といわれる企業は安い賃金をもとめて新興国へ生産拠点を移し、さらにその市場を蚕食しはじめていました。アメリカの大手スーパーも、自国だけではなく新興国へとマーケットを拡大していこうとしていました。

日本のスーパーも、これに対抗するかたちで大型化し、チェーン店展開をしていきます。

グローバル標準、市場開放の掛け声のもとで、都市部の駅前に大型のスーパー、百貨店が並びはじめると、客足は次第に商店街から遠のいていきました。

そして、多くの店舗がシャッターを下ろすという光景が目立ち始めるようになりました。若かりし頃の加山雄三と高峰秀子の道ならぬ恋（いや、今考えればなんということのないありふれた関係なのですが）を描いた成瀬巳喜男《みきお》の『乱れる』を見ると、静岡あたりの地方都市で酒屋を営んでいる高峰の嫁ぎ先のひとびとが、近所に大型スーパーができて商店街の酒屋が太刀打ちできなくなることを心配しています。

この映画の制作は一九六四年（なんと、東京オリンピックの年）ですから、当時すでにそういった動きがあったわけです。

それまでは、銀座や日本橋といった中心部にある百貨店を除けば、そこに行けば何でも揃うなんていう便利な場所はなかったのです。

確かに、ひとつのスーパーで食材から台所用品、洗剤、文房具まで揃う大型スーパーは、消費者にとっては便利な場所であり、時間の大幅な節約になります。大量仕入れを可能にする大型スーパーと、商店街の専門店では価格にも差が出るのは当然で、商店街のちいさな店舗は次第に経営が苦しくなっていきました。

自分のこども時代を回想しながら身の回りで起きた出来事を書いてきましたが、実際のところのわが町は、どのような状況だったのでしょうか。

ここで、もう一度当時の大田区の記録を見てみましょう。

資料は、大田区立郷土博物館が発行している『工場まちの探検ガイド』です。このガイドは、大変に読みごたえのあるもので、協力者には、大田区の名だたる中小企業の他、『大森界隈《かいわい》職人往来』(岩波現代文庫)などの名著を残した、作家で旋盤工の小関智弘さんなども名を連ねています。

この資料が作成された当時(一九九四年)、大田区には八〇〇〇の工場があると記されています。大田区は断トツで、葛飾区と墨田区がそれぞれ六三〇〇社、六四〇〇社と続きます。この三つの区は産業形態も、ひとびとの暮らしぶりもよく似通っています。

さて、昭和三十八年(一九六三年)の大田区の工業従業者数は、一八万三〇一二名となっています。その中小零細企業がひしめいていた工場町も、現在では、工場も従業者数も減少の一途をたどり、他のどこにでもある住宅街のひとつのようになりつつあります。工場はどんどん閉鎖されて、そこにアパートやマンションが建つようになりました。

もともと地代の高いところではありませんので、どちらかといえば低所得者や地方出身

筆者の実家にあった工場。手動のプレス機が並んでいる。

者がこれらの町に流入しています。

わたしの父親が千鳥町に、「ひとり親方」の工場を建てたときは、工場の町、大田区が最も活力に溢れた草創期の時代だったわけです。

一九六〇年頃から、大田区では、一人親方工場と呼ばれる零細機械部品工場が急速に増加し、大森南から糀谷《こうじや》、東蒲田から六郷《ろくごう》、矢口《やぐち》から下丸子《しもまるこ》などの一帯に、零細町工場地帯を形成しました。このような一人親方工場が増えていったのはなぜなのでしょうか。

まず、一九五〇年代末期から一九六〇年代中頃にかけて、集団就職によって、中小工場に大量の養成工が流入し、「独立創業予備軍」が形成されたことです。彼らは、徒弟制度の雰囲気が色濃く残る職場で技術を身につけ、やがて職人を名乗るようになりました。

一方では、彼らを育て上げた家父長制的・大家族的町工場は、変質を余儀なくさせられました。労働基準監督行政の浸透、大企業の下請化に伴ない、徹底した合理化が迫られ、一定規模の経営の維持が困難になりました。とくに、一九六五年頃の不況時には、中小企業の倒産が目だったと言われます。倒産、解雇、もしくは自主退職によって失業した職人たちは、より良い条件を求めて工場を渡り歩いた末、独立の夢を実現させて行きました。

（『工場まちの探検ガイド』より、年代は算用数字から漢字へ変換した）(iv)

ほとんど、わたしの記憶のままのことが書かれています。わたしの父親は、増加する一方の注文を捌《さば》く人手を求めて、出身地の埼玉県の専門学校や聾唖《ろうあ》学校に職人予備軍となる若者たちを斡旋《あっせん》してもらっていました。

かれらはわが家に住み込みで働き、そのうちの何人かは後に独立して、自分の工場を持つことになったのです。

東京オリンピックが町の景観を変えてから十年の後には、日本の高度経済成長も終わりました。それから以後の十七年ほどは、日本が最も安定的に成長を続けた時代でしたが、同時にこの時期に、日本人全体の労働観、金銭観、行動様式、価値観を転換させる出来事が次々に起こったのです。

第三章　ちいさいことの意味

母親と筆者。母親の実家は埼玉の藍染工場だった。

商店街に帽子屋があった時代とは、おとなというものが存在していた時代である。親子がため口をきくような時代からは想像もできない距離が、おとなとこどもの間にあった。

「余暇」の出現

文明の進展は、利便性の追求によってドライブされてきましたし、科学技術も、ビジネスも時間の短縮というところにフォーカスしてきました。

自動車の発達も、新幹線も、携帯電話も、大型ショッピングセンターも、工場のオートメーションも、つまるところは時間の短縮を求めた結果であり、それはそのままコストダウンにつながり、他の分野に予算を差し向けたり、余った時間を使うことを可能にしてきたということだろうと思います。

サプライヤー（供給者）も、消費者も時間を圧縮することを求め続けてきました。文明の進歩とは、まさに時間を圧搾《あっさく》する歴史だったわけです。

サプライヤーは、生産プロセスや流通プロセスの時間を圧縮することで効率化を求めてきたし、消費者もまた生きていくために必要な移動や買い物の時間を圧縮して余った時間を余暇にあててきたわけです。

余った時間とは何なのか。

昭和三十年代の日本には、「余った時間」というような概念は存在していなかったのではないでしょうか。

時間とは、ものを生産するか、衣食住をまっとうなものにするために働くか、疲れきった身体を休息させるかのいずれかのためのものであったように思えます。「余った時間」つまり「余暇」という概念が定着するのは、もっとずっと後になってからのことです。

そして、この「余暇」のなかにこそ、戦後民主主義の飛躍と衰微の秘密が隠されていました。つまり、ひとびとが食うために生きている時代から、楽しむために生きる時代へと舵《かじ》を切るきっかけとなったのが「余暇」の出現だったのです。

内閣府に設置された国民生活審議会は、一九七三年（昭和四十八年）の第四次総会で、「レジャーが生活のあり方を規定する重要な要素となってきた」「レジャーが国民福祉充実にとって、重要な分野を占めるようになってきた」「高福祉時代においてレジャーは人間が人間らしく生きるために、単に経済的充足にとどまらず心身ともに豊かな生活をおくるのに欠くことのできない要素となってきた」と規定しました。

一九七〇年には、競輪の収益を補助金とし、新日本製鐵、日本興業銀行、日本長期信用銀行、東亜燃料工業、三井情報開発が中心となって、通産省管轄の財団法人余暇開発センターが設立され、毎年の大型連休の前に「レジャー白書」が発行されるようになりました。週休二日制が企業で実施されるのは、一九八〇年代の中ごろ以降です。

わたしは、この週休二日制の実施こそ、日本人の労働意識、生活意識を大きく転換するきっかけになったと思っています。

前著『移行期的混乱』でも触れましたが、吉本隆明が埴谷雄高との間で繰り広げた「コム・デ・ギャルソン論争」の中で、週休二日制は賃労働者の解放であると述べていることは、わたしにとっては、まさに目から鱗《うろこ》の説でした。

当時は、一週間のうちで一日だけ休日が増えるということが、どれほどの意味を持っていたのか、まだ学生だったわたしには理解することができませんでした。

いまなら、週休二日が勤労者や、その家族にどれほどのインパクトをもつかを実感として理解できます。

それは、単に一日休日が増えたということ以上に、勤労者の労働意識を大きく変える第一歩だったのです。

以前は、仕事に疲れた身体を休めるだけの休息日であった休日ですが、これ以後、週末には家族揃って遊園地や公園に出かける、あるいはちょっとした旅行にも行けるようになりました。これ以前は、多くの日本人にとって、生きることと働くことはほとんど同義（小関智弘さんの言葉です）であるような生きかたが一般的であり、そのことにとりわけて疑問を感じることもなかったのですが、週休が二日になって、働くことの意味が少しずつ変化していきます。

つまり、人が働くのは、働いて得た金で充実した余暇を過ごすためであり、流行のファッションに身を包んだり、評判のレストランでおいしい食事の時間を過ごしたり、あるいはゴルフや釣りや、カルチャースクールといった趣味や、学びのための費用を捻出《ねんしゅつ》するためであるといった観念が一般的になったのではないかと思います。別の言い方をすれば、日本人の生活意識が、労働中心から消費中心へと移行していったということです。

生活者の意識が、労働中心から消費中心へと移行することと、可処分所得が増加して食費以外の収入を、教育や医療に差し向けることができるようになることは、同じ歴史プロセスのふたつの側面です。

経済が拡大均衡して、成長してゆくプロセスでは、上記のようなことが必然的に起きてくるといえます。

このこと自体は、自然過程というべきものであり、労働運動の側から見れば、吉本隆明が言ったように労働者の解放であり、個人生活の側から見れば自由の拡大であって、この流れ自体を押しとどめることも、逆流させることもできないものでした。それは一種の時代的な覚醒と言ってもよいかもしれません。

ここに、もし問題があるとすれば、労働という人間に固有な活動をとおしてひとびとが作り上げてきた価値観や倫理観が、消費が生み出す価値観や倫理観に急速に浸食されていったということであり、生きることと働くことが同義であったような働き方から、金のために働くという考え方が支配的になったということです。

消費は、欲望の関数です。最初はただ、生活の必要のためだけの消費だったものが、それが満たされた後にも拡大再生産されていきます。

この消費と欲望の拡大再生産こそが、経済発展の条件のひとつでもあり、その発展を駆動するのは貨幣の著しい流動性であることは論を俟《ま》ちません。経済発展ということが必須となし、至上の命題であるならば、消費と欲望を果てしなく拡大再生産させることが必須となり、働くことは欲望を満たすためであり、金を得るための手段であるという考え方が正当化されなくてはなりません。

その結果として、金を得るためならば手段を選ばないといった極端な思想が生まれてくる土壌ができあがっていったのでしょう。

大量生産大量消費の時代の黄昏《たそがれ》

企業において、この拝金主義的な傾向は近年ますます顕著になってきました。市場に流通する貨幣の争奪は、市場占有率（シェア）争い、価格競争、戦略的な思考を激化させていきます。

九〇年代以降に出版されたビジネス書には、「競争優位の戦略」という言葉が躍《おど》りました。競争優位とは、最短距離で目的を達成するためのポジションを獲得するということであり、限られたリソースを競争相手に対して効率的に投下することで比較優位を獲得することです。ここでも、無理や無駄を極限までそぎ落とす効率化とは畢竟《ひっきょう》するところ時間の短縮ということにほかならないわけです。

本来、ビジネスというのは商品を作り、販路を開拓し、顧客の信頼を獲得し、リピーターを確実に増やしてゆくことでしか成立しない営為です。生産者がお金を受け取るためには、必ず商品や、販路や、顧客の信頼といった迂回路を経なければなりません。

顧客の信頼を獲得するためには、商品に付加価値をつけなければならず、商品創造に手間とひまを十分にかけることでしか本来の付加価値というものは商品に棲み付くことはないといえます。まさに、価値とは価格のことではなく、誠意とか努力といったものが微細な差異となって、商品に結晶したものであり、その微細な差異を感知することができるところまで成長した顧客との間に生まれるものなのです。

しかし、その生産者と消費者の蜜月は長くは続きません。

どこかで、消費はその飽和点に達し、それ以後生産者は、ただひたすら消費への欲望を喚起するための差異の創造へと軸足を移していくことになるからです。

そこに、皆が買うものが、価値のあるものであり、皆がいいと思っているものがいいのだという、ケインズのいう美人投票のような心理の上に価値がつくられるということが起きてきます。美人投票とは、ケインズが『雇用と利子および貨幣の一般理論』の中で述べたたとえで、勝者を当てた者に賞品が与えられる美人投票では、自分の好みよりも、他の投票者の好みに合うと思う女性に投票することになります。ケインズはこのたとえを使って、株式価値形成の心理を説明しました。まさに、価値とは生産者と顧客との間の関係のなかに生まれるものであり、関係が変われば価値もまた変わらざるをえないものなのです。

しかし、これは実体の無い幻想としての価値でしかありません。

いわば、大衆心理の上に咲いた見かけ上の価値というわけで、ゼロサム的な市場原理の中でしか生まれえないものです。

このような価値は、あるときに、誰かが「もう、飽きた」と言い出し、その人数が一定数を超えたときに、あぶくのように一瞬にして無価値なものへと色褪せてしまいます。

わたしたちは、実際に流行現象のなかで、そのような多くの色褪せた、見かけ上の価値を山ほど見てきました。

大流行したゲームソフトや遊具。

陳腐化して見向きもされなくなったブランド品。

いや、流行とは、まさに、そのような見かけ上の価値そのものだということです。

わたしは、この見かけ上の価値という言葉を貶下《へんげ》的な意味で使っているわけではありません。

だっこちゃんも、フラフープも、たまごっちも、ビックリマンチョコレートも、ウォークマンも、ルイ・ヴィトンのバッグも、カルバン・クラインのスーツも、オメガの時計も、実体としての価値の上に幻想の価値が上乗せされて販売されてきましたが、それをひとびとがその時々に必要と感じたから購買意欲をそそられたわけです。商品には、それが何であれ必ず見かけ上の価値が上乗せされて正札が付くわけで、そのこと自体は商品経済のなかで誰も否定することはできないでしょう。

こういった見かけ上の価値を、経済学では、市場原理が決定する交換価値と呼び、使用価値と区別していますが、重要なのは交換価値というものが多くの場合、非常に短時間のなかでしか生きられない価値であり、その傾向は時代とともにますます顕著になっているということなのです。

なぜそうなったのか。

おそらくは、そこにこそ消費資本主義の病というべきものが潜んでいるのだとわたしは考えています。

もしも、未開発の世界が広大に残っており、世界の人口が果てしなく拡大してゆくならば、大量生産、大量消費、欲望と消費の果てしのない拡大は、文明発展の自然過程だといえるのでしょうが、市場の伸びしろがなくなってきた現代社会においては、個人の嗜好を細分化し、時間を切り刻んで、消費の窓口を大きくする以外には、需要の拡大を維持してゆくことは原理的に困難になります。

したがって、大量生産、大量消費を続けるためには、商品が爆発的に市場に浸透することと同時に、その商品寿命が短命であり、後続の商品に市場を明け渡すことが必要な条件になるわけです。

わたしは、企業がわざと商品寿命の短いものを生産して、消費者をペテンにかけようとしているなどと指摘しているわけではありません。

企業もまた、ロングセラーの商品を作りたいと思っているはずなのです。

しかし、市場の欲望を喚起するためには、次から次へと新しい商品をそこに投入してゆく必要があり、そこに自社の商品を自社の新商品が駆逐してゆくような現象が生まれてくるのも必然的な動向です。

価値の話に戻りましょう。

わたしは、本来の価値、いやあるべき価値とは市場が決める価格の中にだけあるものではないし、生産者の思いの中にだけあるものでもないと考えています。

それらは、まさに生産者と消費者が共同して作りあげていくものであり、両者の関係性そのものの別名であると言ってもよいのではないかと思っています。そして、東京オリンピック以降数十年間かかって変化してきた最大のものがこの、生産者と消費者の関係性だったわけです。

生産者、あるいは大企業と消費者の関係は、どんどん非対称になってきています。生産者が価値をつくり、消費者がその価値を受け取る返礼として代金を支払う。生産者が消費者の満足を喜び、消費者が生産者の労苦に感謝するといった個別的な関係は、大量生産、大量消費といった時代のなかでは、希薄にならざるをえません。

大量生産の時代にあっては、生産者にとって、消費者とは数であり、記号でしかなく、投入した資本の回収、つまりは利潤だけがクローズアップされることになります。

現在は、生産者はいつも消費者を探しています。

日本が高度経済成長していた時代は、アメリカが世界の最終消費地でした。アメリカ人は借金をしてまで（カードによる購入ですね）、世界中の商品を買いあさり、ついには莫大な輸入超過の国をつくってしまったわけです。

リーマン・ショック以後、もはやアメリカは世界の最終消費地であり続けることができなくなっています。

アメリカだけではありません。

世界中の先進国に、欲望を全開にした消費者はもうほとんどいなくなっているのです。総需要減衰の状況が、いまのアメリカや、EUや、日本の姿です。

グローバリズムといわれる世界経済の趨勢《すうせい》の中では、大会社はもはや日本には消費者はいないとでもいうように、中国をはじめとする新興発展国へと目を向けています。そこには、かつて耐久消費財が飛ぶように売れた、高度経済成長時代のアメリカや日本と同じような市場があるからです。しかし、それも一巡してしまえば、もう地球上には新たなフロンティアとしての消費地は残っていません。大量生産、大量消費の時代が永遠に続くという考え方には、根本的に無理があるのです。

商店街の帽子屋

話が先走りすぎました。グローバリズムに関する考察は後の章に譲って、商店街に話を戻します。

わたしがいつも不思議に思っていたのは、どこの商店街にもあった帽子屋のことでした。いまは、帽子の専門店を見つけるのはほとんど不可能になりましたが、昭和の時代に

経済成長の推移

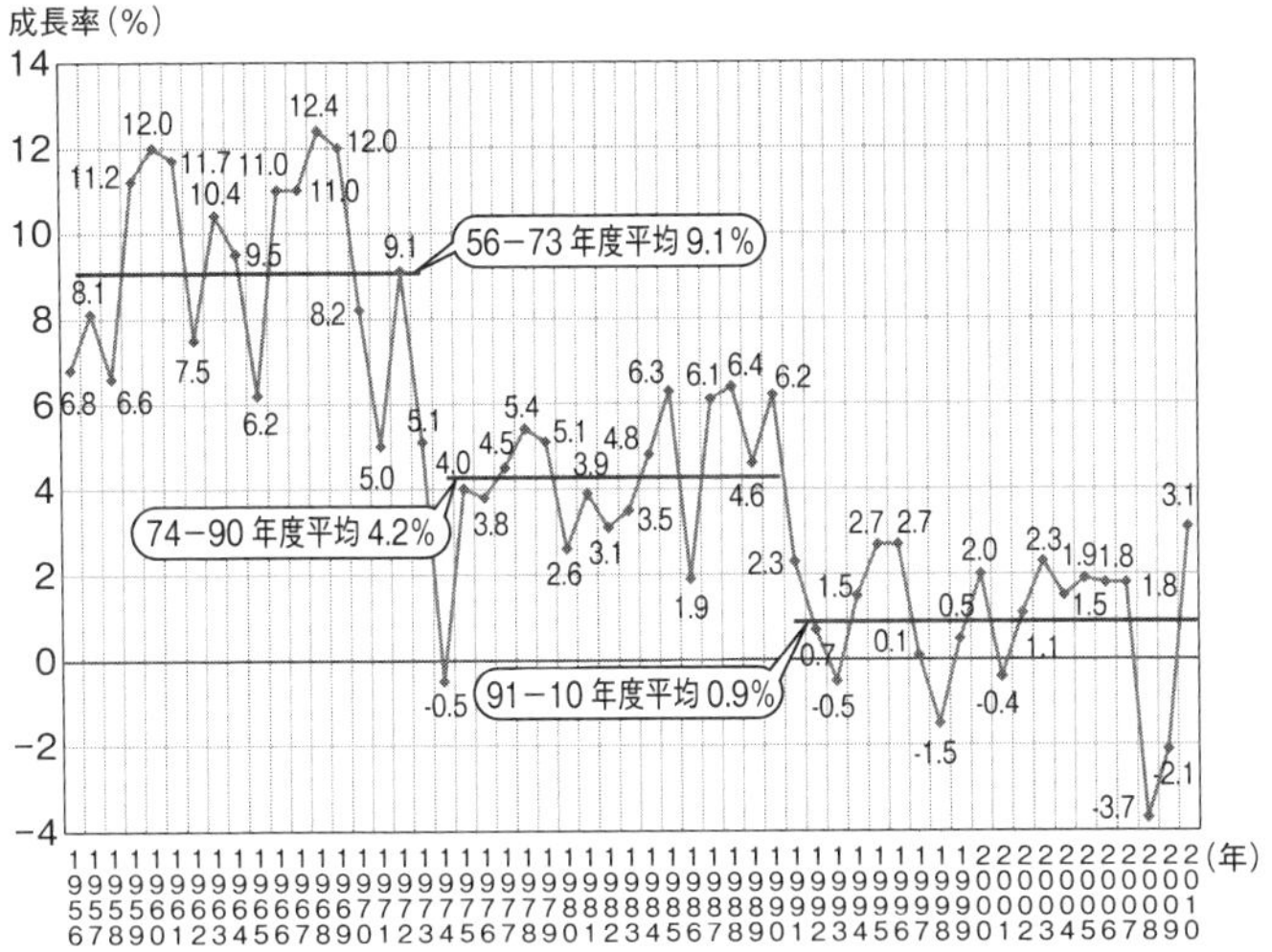

(注)年度ベース。93SNA連鎖方式推計。平均は各年度数値の単純平均。1980年度以前は「平成12年版国民経済計算年報」(63SNAベース)、1981～94年度は年報(平成21年度確報)による。それ以降は、2011年7−9月期・2次速報(2011年12月9日公表)。
(資料)内閣府SNAサイト

はどこの商店街にも帽子屋を見つけることができました。

わたしは、いったい、帽子屋なんていう商売がどうして成り立つのか長いこと疑問でした。

わたしが顔ににきびをこしらえる頃、つまり東京オリンピックの頃ですから昭和三十九年の頃には、まだ帽子屋が残っていました。しかし、この頃にはすでに店先に客足を見つけることはほとんどありませんでした。いったい、一日にどれだけのお客が帽子を買いにくるのだろうか。それで、どれだけの利益が手に入るのだろうかと、ひとごとながら心配になるほどでした。

それでも、しばらくはこの客のいない帽子屋が商店街の一角で商いをできたのが、昭和三十年代だったということでしょう。

やがて、この帽子屋は商店街から姿を消すのですが、昭和三十年以前にはどこの商店街にも普通に見つけることができたわけです。

その理由をすこし考えてみたいと思います。

帽子専門店が商売を続けられた理由は、もちろんそこに帽子を買うひとびとがいたからです。

しかし、帽子を買う人が次から次へと現れるわけがありません。

現在の大量生産、大量消費のビジネスから考えれば、商店街の帽子屋がやっていける理由を探し出すのはほとんど困難です。

わたしは、帽子専門店がやっていけた理由はひとつしかないと思っています。

それは、当時の帽子専門店が徹底した小商いだったということです。

つまり、一日に数個の商品が捌《さば》ければやっていけるようなコストバランスで店舗を営んでいたからできたということです。

店番をしているのは、たいがいは住居と店舗を同じくする家族のひとり、お母さんかお父さんか、おじいさんです。

人件費は、家計のなかでの出入りにすぎません。

だから、一日にひとつでも売れれば、なんとかやっていけたのではないでしょうか。

ここで重要なことは、一定数の帽子を買うひとびとが、繰り返し買い続けてくれたということです。

帽子という商品がもつ不思議な性格がここにはありました。

そこで、この時代の日本人男子にとって帽子とは何だったのかということを考えてみたいと思います。

いや、日本人とは何だったのかということを、もう一度考えてみたいと思います。

現代では、帽子を被って出勤している人を見かけることはあまりありません。

アロハシャツに野球帽なんていうファッションは見かけることはあっても、スーツにソフト帽という姿を見かけることはほとんどなくなりました。ところが、この頃やそれ以前に作られた映画を見ると、ほとんどのサラリーマンは帽子を被っています。

わたしの大好きな成瀬巳喜男《みきお》や、小津安二郎や、黒澤明の映画を見ると、そこに出演しているおとなたちは、みな帽子を被っています。

佐分利信《さぶりしん》（「彼岸花」小津安二郎）も、笠智衆《りゅうちしゅう》（「秋刀魚《さんま》の味」小津安二郎）も、東野英治郎（「秋刀魚の味」小津安二郎）も、山村聡（「宗方姉妹」小津安二郎）も、沼崎勲《いさお》（「素晴しき日曜日」黒澤明）も、志村喬《たかし》（「生きる」黒澤明）も、小倉繁《しげる》（「おかあさん」成瀬巳喜男）も、いや、ほとんどの戦前戦後の映画に登場する男たちは帽子を被っていました。

わたしの個人的な記憶のなかでも、田舎の爺さんが埼玉県の田舎から東京のわたしの家に来るときは、必ず帽子を被っていたのを覚えています。爺さんは帽子のことを「シャッポ」って呼んでました。

随分洒落《しゃれ》ていますよね。フランス語なんですから。chapeau（シャポー）が訛ってシャッポ。もちろん、爺さんは、それがフランス語であることなどは知らずに、帽子のことをシャッポと呼ぶものだと思っていたわけです。石鹸のことをシャボンというのと同じように。

この時代、帽子は男の身だしなみであったことがうかがわれます。

わたしにとって印象的だったのは、昭和二十二年制作の「素晴しき日曜日」の貧乏サラリーマンである沼崎勲が、よれよれのスーツに、ぼろ靴、ネクタイで、帽子を被って、デートをしているところです。

着ている背広はボロボロで、靴も疲れ果てています（カメラはそれを強調していましたね）。

それでも、背広と、ネクタイと、帽子という三点セットは外していない。

帽子など無ければ無いでよいものでしょうが、当時のおとなたちにとっては、それがおとなの証明であり、川本三郎によれば「紳士のたしなみ」であったということです。

この映画は、終戦からまだ二年しか経っていない、廃墟と瓦礫《がれき》があちこちに残っている敗戦日本の風景を切り取っています。

そのような時代の中においても、おとなたちは「紳士のたしなみ」を忘れていないということに驚くとともに、帽子がその必須のアイテムであり続けたことに思わず目を引かれたのです。

現代から見れば、背広、ネクタイに帽子というスタイルは、随分フォーマルな感じがしますが、当時は多くのおとなの男たち（とくに勤め人ですが）は日常的にこのようなスタイルを踏襲していました。

わたしはそこに、単に身だしなみというだけにとどまらない、何か精神的なものを感じてしまいます。

それを言葉にするのは難しいのですが、おとなというものが持たねばならない、矜持《きょうじ》とでもいったらよいのでしょうか、敗戦から立ち直りつつある日本を背負っているおとなたちの気概の一端が、この帽子には顕れています。

数年前に、友人に連れられて大阪の堂島にある地下のバーに入ったとき、そこには何十冊ものアルバムが置いてありました。

歳を経てほどよいおばあさんになっている店のママが、開店以来のお客の来店記念写真を撮りためてきたアルバムが、何十冊にもなってたまっています。

その写真を見ていると、当時の背広、ネクタイ、帽子の紳士たちがいかにおとなの風貌をしていたのかに驚かされます。

漱石や、鷗外の写真を見て、かれらがそれを撮られたときの実年齢が思いのほか若いのに驚いたことがありますが、その感覚と同じです。

西欧にキャッチアップしようとする日本を背負っていたかれらは、実際の年齢よりもずっと早くおとなであることを要求されたのでしょう。ここで、おとなとは何かということが問題になるでしょうが、とりあえず自前で生きているひとびとだと言っておきましょう。何かにもたれかかって生きているのではなく、自分の足で立ち、自分の頭で考えるということです。おとながおとなであるためには、こどもが必要です。ヘーゲルの言葉を借りれば、王が王であるためには、家臣が必要であるようにです。おとなには、守るべきものがあったということであり、そのためには自前の根性を持たなければならなかったということだろうと思います。

商店街に帽子屋があった時代とは、おとなというものが存在していた時代であり、おとなが世の中の中心的な存在であった時代でもあったのです。

そのことは同時に、こどもが、こどもとして存在することができた時代でもあったということです。

前に述べたことをこどもの側から見れば、こどもが安心して、こどもでいられるためには、責任を背負ってくれるおとなの存在が必要であり、責任あるおとなたちが作っている社会にこどもが入り込むことは許されないという暗黙の掟《おきて》が必要なのです。

この距離が、こどもがおとなを尊敬するための条件のひとつでした。

親子がため口をきくような時代からは想像もできない距離が、おとなとこどもの間にあったということです。

何を言っているのかとお思いの読者もいらっしゃるだろうと思います。

でも、ここでは、一定の年齢になると日本人はおとなにならなければならなかった時代があった、ということだけを読み取っていただければよろしいと思います。

現在の日本には、おとながほとんどいなくなってしまっているからです。

では、おとなとは何かということになるでしょうが、それはまた別のところで詳しく論じることになると思います。

貧乏がおとなをつくった

長々と戦後昭和の光景を点綴《てんてい》してきましたが、そろそろこの章の締め括りをしたいと思います。

一九六四年、つまり東京オリンピックのあった昭和三十九年以前の東京と、それ以後の東京、いやそれ以前の日本と、それ以後の日本には明確な断絶があります。

その断絶とは何なのかというのがこの章の主題です。

それは、ひとことでいえば、経済と精神のポジションが逆転したということです。モノとこころの順番といってもよい。あるいは、こどもとおとなといってもよいかもしれません。

これでは何のことかわかりにくいと思いますので、以下にご説明いたします。

明治維新後、西欧先進国家にキャッチアップしようと近代化の一途をたどっていた日本は、大量の人間を都市部に流入させることになりました。東京は世界でも有数の大都市に発展していくわけです。しかしその東京は、大正十二年と昭和二十年の二度にわたり、壊滅的な打撃を受けることになります。関東大震災と、敗戦ですね。わずか二十年のあいだに、都市部全体が焼け野原になり、瓦礫の山が築かれるという経験をしているわけです。二度にわたって壊滅的な打撃を受けた都市というものも近現代史のなかでは稀有なことですが、その大きな災厄からこれほど短期間で立ち直り活気を取り戻した都市というのもほとんど類例が無いのではないでしょうか。

昭和という時代、それも東京オリンピック前の時代の日本は、この瓦礫の焦土から国家のかたちを再び整えるまでの戦後二十年間（一九四五〜一九六四年）であったわけです。ちょうど人間が生まれてから成人するまでの時間の帯のなかで奇跡的ともいえる復興を遂げます。

考えてみればわずか二十年であり、このわずかのあいだに目覚ましい戦後復興がなされたというのは驚くべきことです。

そして、この復興で特筆すべきは単にハイスピードで復興したということではなくて、その復興のしかたに類例の無い特質があったということだろうと思います。わたしは終戦から五年目に生まれていますので、ある程度復興期の空気を吸い込んで育ちました。類例の無いという言い方は、あるいは適切ではないかもしれません。ドイツでも、イタリアでも復興のプロセスは急ピッチで進んでいたからです。ただ、わたしは、この頃の日本人が貧乏暮らしの中で、それを苦にするどころかむしろ楽しみながら日々を継いでいたことに、注目したいと思います。同時に、なぜかれらがそれほど明るくいられたのかについて考えてみたいと思うのです。わたしが類例の無いと言った特質は、この明るさのことです。

なぜ、昭和は明るかったのか。

それを知るためには、もう一度焼け野原の東京に降り立って、そこに何が残っており、ひとびとが何を考え、どのように日々を継いできたのかを見てみる必要があります。

この時代を特徴付けるものはさまざまあります。中産階級の出現と勃興。朝鮮半島の動乱にともなう景気の上昇。ソニーやホンダに代表されるものづくり企業の設立と躍進。家族の団欒《だんらん》風景。街頭テレビに群がるひとびと。毎朝行われた地域のラジオ体操。町内会の結束。数え上げればきりがありません。

わたしは、こういった戦後昭和を特徴付ける風景の背後に通底するものとして、貧乏というものがあったと考えています。日本は、どんなに急速な近代化のなかにあったとしても、西欧先進国との比較でいえば、まだまだ東アジアの貧乏な島国であったということです。

そして、貧乏であるがゆえに輝くものもあったということなのだと思います。

橋本治さんに大変面白いタイトルのエッセイがあります。『貧乏は正しい！』（小学館文庫、一九九七）という意表を衝《つ》いたタイトルのエッセイです。

この本は、漫画誌「ヤングサンデー」紙上に連載されたものをまとめたもので、資本主義の最も脆弱《ぜいじゃく》な部分がなにものであるかを、青年向けにメタフィジカルに解明した大変ユニークな本（とわたしは理解しています）ですが、その中にこんな記述があります。

「貧乏でも自分には力があるから平気」と言うのが人間の強さというもので、これを捨てたら、人間おしまいである。「若い男が貧乏であるということは、人類の歴史を貫く真実で、そしてこのことこそが人類の未来を開くキーだからである」というのは、社会生活というものを営むようになってしまった人間の本質は〝若い男〟であって、若い男は強く、そして若い男は強くあらねばならないという、それだけのことである。強いんだから貧乏でもいい、なぜならば、〝富〟とは、その〝強さ〟の結果がもたらしたもので、自分の弱さを隠蔽するために〝富〟という武器を使ったら、その人間社会は根本を衰弱させて滅びてしまうという、それだけの話なのだ。(7)

面白い見方ですね。いろいろな読解が可能な文章ですが、貧乏な日本は、ひとつの強さでもあり、それこそが戦後日本の美質でもあったと読めると思います。

ちなみにわたしが生まれた昭和二十五年の日本は、朝鮮戦争が勃発した年であり、人口が八三二〇万人（千人以下は四捨五入）と、十年前より一〇〇〇万人増加しています。人口減少は将来に対する不安というのが、現在の人口減少現象に対する大方の見方ですが、実際には不安が最大化するような戦争を挟んでもこれだけ人口が増加しているのです。

さて、上記の橋本治の文章のなかで、わたしが注目するのは、若い男とは貧乏なものであり、同時に強いものであると言っていることです。とくに、若い男がもし、自分の強さを表現するために、富というものを使ったらその社会は衰弱することになるという考え方には強い吸引力があります。

すこし、わかりにくいかもしれませんが、わたしはこれは大変に面白い着想であり、さすがは天才橋本さんだと唸《うな》りました。

かれはここで、進歩とか発展という観念は、貧乏という状態のなかにしかないと言っています。具体的にそう書いてあるわけではないのですが、行間から滲《にじ》んでくる思想は、そうということだと思います。ここでいう貧乏とは、具体的に金がないとか、陋巷《ろうこう》に暮らすといったことを意味しているわけではないのです。貧乏とは若さの別名であり、それは強さとか美しさといったこととも同義であるべきだということであり、人間の本源的な強さというものは貧乏という裸の人間の中にだけ宿っているということです。

別の言い方をすれば、野生ということです。

進歩とか発展とは野生のなかにしか存在しないと。

富という武器を手に入れると、その瞬間に人間は、もう若さを失ってしまうし、進歩や、発展ということとは無縁の存在になるということです。

ここに、橋本さんならではの逆説が潜んでいます。

富は、誰もが憧れる欲望の対象ですが、いったんそれを手に入れたら人間は最も大切なものを失ってしまう。逆に言えば、富を手に入れるためには、人間は最も大切なものを諦めなくてはならないということです。富とは憧れであると同時に、恐怖であらねばならないはずのものだということです。富を貨幣と言い換えても同じです。

なぜなら、いちばん大切なものである野生と富はトレードオフの関係にあるからです。

このことをわたしたちは、本当は知っているはずなのです。通俗的なたとえをするならば、富を手にしたボクサーは、もう以前のように野生をむき出しにして闘うことはできなくなる。野生をむき出しにする必然性が失われているからです。ボクシングがハングリースポーツと言われるのは、まさにこの富と野生の関係を言い表しています。それは、ボクシングに限ったことではないのです。富と野生がトレードオフの関係にあるということは、誰でもが経験的に知っている明白なことだろうと思います。

しかし、あまりに明白で、何度も目にしているあたりまえのことは、しばしば視線が素通りして見過ごしてしまうものです。

もうおわかりだろうと思いますが、わたしが言う、昭和初期のおとなとは、いまだ富を手に入れていないひとびとであり、それゆえ野生と若さを身体の中に蓄えていたひとびとのことだということです。当時の日本の社会はそういったひとびとによって支えられていたということなのです。そして、階級格差の少ないアジアの島国では、関川夏央さんが言ったように、誰もが共和的に貧しく、それゆえに明るくいられたのだと思います。

かれらの社会の価値観の中心にあるのは、美しさということであり、富を蓄えるということではありません。富はただ欲望の対象でしかないのです。この美しさの表象のひとつが、貧しさの中の帽子だったのかもしれません。

そして、その帽子の下に隠されていたのは、日本人のみずみずしい野生だったのです。

しかし、かれらが富を手にし始めた頃、つまり一家にテレビ、冷蔵庫、洗濯機、クーラー、自動車などが揃い、こどもひとりひとりにこども部屋ができ、主婦たちが家事労働から解放されるころから、日本人から野生が消えていきました。その民主化のプロセスのなかで、じりじりと出生率が下がり始め、経済成長率は頭打ちになっていくことになりました。

第四章　「経済成長」から「縮小均衡」の時代へ
——東日本大震災以後

筆者の実家工場の二階でテレビを見る住み込みの工員と筆者

国民経済にとって重要なことは、経済を拡大するか、縮小するかということではなく、均衡するということ。もし、経済が均衡的に拡大する条件を失っているならば、縮小して均衡させる方策を考えなくてはならない。

「擬制の崩壊」と「小商い」をつなぐもの

帽子を被った若いおとなたちは、戦争で焦土と化した日本を立て直しました。それは、日本が世界の先進国の仲間入りをする端緒となった東京オリンピックまでのわずか二十年足らずの間の出来事です。

なぜ、そんなことが可能だったのかということには、様々な理由が考えられるでしょう。朝鮮で勃発した戦争による特需や、当時の大蔵官僚だった下村治が立案し、池田勇人《はやと》内閣のときに発表された「所得倍増計画」といったすぐれた政治的メッセージなどは大きな要因であると考えられます。そのような外的な要因を数え上げればキリがありませんが、わたしは日本が急速に成長していくための最大の条件は、日本が若かったことだと思っています。

若いということは、単に若年労働力が豊富にあったということだけを意味しているのではありません。

およそ若さというものがもつ、様々な条件を備えていたということです。

前節の言い方をすれば、日本に死に物狂いになる野生が残っていたからだということです。言い換えるなら日本が貧乏だったからだということになります。

この時期の日本は、貧しく、若いおとなが、生活や産業の中心で共同体を支えていたことが、日本の急激な経済成長の最大の理由だろうと思うのです。貧乏で若い日本にはそれだけの伸びしろがあったということです。

そして、昭和が明るかった理由は、貧乏なのに明るかったのではなく、誰もが共和的に若いがゆえに貧乏を受容することができたということではなかったかと思うのです。

貧乏を受容するということは、別の何かを獲得することでもあったのです。

その別の何かをうまく摑《つか》み取ることができれば、本書の目的は終了ですが、急ぐのは止めましょう。

今日の日本は、長期的な経済の低迷と、人口減少、格差の拡大や失業の増加といったことに悩まされています。

戦後の高度経済成長期との比較でいえば、日本はもう若くはなくなったということです。

生活が安定し、金持ちになり、下腹に脂肪を蓄えた年齢になったということです。

前節で引用した橋本治の言葉を借りるなら、弱さを隠蔽するために富を使ったら、もう衰弱してゆくほかはないということなのです。

この冷厳な事実は、経済学の用語を使って説明することも可能です。たとえば、耐久消費財が市場に行き届いた後には、買換え需要しか残っておらず、投下設備投資に対応する限界消費は低下し、総需要も縮小せざるをえないといったように。

しかし、ここで強調したいことは、経済学的なロジックではなく、この世に生きる動物としての人間は、富と野生のどちらも同時に手にすることはできないという、生物学的な摂理なのです。

そして、どんな共同体も、国家も、この摂理のなかで生きている人間が作り上げたもの以外ではありえず、幻想でしかありえないものだろうと思います。

今日の日本は富を得て、野生を失いつつあるのです。

いったい、日本がこれから先どのようにしてこの苦境を乗り越えていけばよいのか、なかなか答えを見出すことができないというところではないでしょうか。

その葛藤のただなかで、東日本大震災と、福島の第一原子力発電所の事故が起きたのです。

この災厄をわたしたちはどのようにして乗り越えていったらよいのか。

ほとんど途方に暮れるといったところだと思います。

このことと小商いはどんな関係があるのかと問われるかもしれません。大いに関係があるのです。

その関係をご説明するためには、本書執筆の動機についての話をしなければなりません。すこし、話が戻りますが、なぜ小商いなのかということをご理解いただくために、すこし私的な話にお付き合いください。

正直なところ、本書を執筆した当初は、これはわたしにとって是非とも書かねばならない本ではないかもしれないという思いが付きまとっていました。本書のタイトルである「小商いのすすめ」は、ミシマ社の社長である三島さんから与えられたものであり、わたしは通常タイトルを先に考えてから本を書き始めるタイプの「書き手」だからです。

それでも、わたし自身「小商い」を営み、経済成長が見込まれないだろう今後の日本のビジネス事情を考えると、「小商い」というビジネススタイルには共感をもつことができました。そんな事情から、ではやってみましょうということになり、書きはじめたのですが、それでもやはりどこかで、もっと他に重要で緊急な課題があるのではないか、職業作家ではないわたしにだからこそ書かねばならないことがあるのではないか、という思いを払拭《ふっしょく》できないままに、一向に進まぬ筆を握りながら四苦八苦する日々が続きました。

そんなときに東日本大震災が起きたのです。この震災とそれに続く福島第一原子力発電所の事故（それは今でも進行中であり、おそらくはこれから先何十年も続く放射能との付き合いのとば口にすぎません）は、その被害の実態の大きさもさることながら、日本人全体の精神に大きな楔《くさび》を打ち込みました。

事故当初、ひとびとの言動はそれまでの平安なときのそれとは明らかに異なった色合いを帯びていました。何度も繰り返される余震の中で、不安定で、引き裂かれ、とげとげしく、批判的なものになりました。「この緊急事態に平時の価値観は通用しない、ひとはすべからく被災者の救援にできうることをすべきであり、日本人全体がひとつになってこの危機を乗り越えなければならない」「不確かな根拠に基づく言説は、風評をふりまくだけであり、流言蜚語《りゅうげんひご》の類は厳に慎まなければならない」といった言葉が躍《おど》り、それに同調するような空気が支配的になりました。同調圧力ってやつです。お花見のような酔狂も、同胞が苦しんでいるときなのだから自粛すべきであるというようなことまで言い出す為政者《いせいしゃ》が現れました。

また一方では、放射能の影響を避けるということで、直接の被害者ではない東京のひとたちが関西方面へ疎開したり、あるいは東海地震への波及や、東京電力による計画停電に備えて、牛乳、トイレットペーパー、生理用品、水などの買いだめ（報道では買占めと表現されていましたが）をするという動きがあり、この動きに対してもネット上には賛否両論が互いに悪罵を投げかけあう光景が拡がりました。

いまさらながら、わたしは言葉というものがこれほど力を失い、蔑《ないがし》ろにされた時代はかつてなかったと思わざるをえません。

震災以後、総理大臣や官房長官の言説は言うに及ばず、テレビに出て、福島原子力発電所の事故の経緯や、それに続く放射線の影響について解説する専門家の言うことを信用することができない自分がいることにも驚きました。

そこには、相互不信とでもいうようなバリアが立ちふさがっていました。つまり、政府にも当事者である経済産業省管轄の原子力安全保安院にも、煽るような言動は慎むべきという態度があり、一般国民（そこにわたしも含まれるわけですが）の方は、どうせかれらは何かを隠蔽しているにちがいないと疑心暗鬼になっていました。

震災から半年が過ぎて、原発行政といったものの杜撰《ずさん》な実態が明らかになってきました。

たとえば、玄海原発での市民説明会において、九州電力は原発賛成派を動員するためのメールを関係者に送り、説明会場でやらせ発言をさせるといったことや、原発の安全性をチェックするのが本来の役割であるはずの原子力安全保安院までもが同様のやらせ動員をしていたという事実が明らかになってしまったのです。

原子力安全神話というものが、このようないい加減な言論操作や、金を使った買収によって作り上げられた擬制《ぎせい》でしかなかったことが白日の下に晒《さら》されてしまいました。

しかし、そのようなことがあるだろうとは、ほんとうは誰もが薄々は感じていたのではないでしょうか。

それでも、原発を推進することで日本を発展させるという経済合理性との取引に無言で応じてきたのだとすれば、電力会社や、経済産業省だけを責め立てるのはフェアだとはいえないだろうと思います。

前節のたとえを引用するならば、若さを失ったおとなたちが、富を使って力を示威しようとしてきた結果が、今日の原子力村をめぐる体たらくを準備してしまったわけです。

原子力発電所の建設は、現在得られるエネルギーという富のために、事故の危険や廃棄物処理というコストを先送りするというスキームの上に行われたのでした。

かつてカード社会の到来時によく言われた、プレイナウ、ペイレイターという思想が国家レベルで凝集《ぎょうしゅう》したのが、原子力発電所の建設であったということです。

本来であれば、技術安全上の問題や、原発立地の問題はそれぞれ冷静なデータや調査結果の分析によって、事前に支払わなければならない当然のコストであったはずです。

しかし、自然災害による影響や、長期にわたる疫学的な影響までを視野に入れなければならないとすれば、そのコストはほとんど無限大に膨らんでしまいます。

その危険負担というコストの支払いを、とんでもない未来にまで先送りにしたわけです。

コストとは、原則的に前例主義であり、過去の事例を参考にはじき出されるものですから、過去に起こったことがなく、将来起こりうるかもしれないコストを前倒しで算入することなど、不可能だということになります。

そこで、考え出されたのが、将来起こりうるかもしれないコストを、現在価値に引き直したうえで、その最も安値で買い取ってしまうという乱暴な方法でした。

それは、コストの支払いというよりは、コストの科目換えというべきものでした。

端的に言えば、将来起こりうるかもしれない危険というコスト、廃棄物処理という負担のコストを、原発立地の地元に対して前もって支払う迷惑料というコストに科目を換えたのです。

具体的には、公共施設の建設や、雇用の確保、補助金などのかたちで、前払いで支払いを済ませることで、本来的な危険や、廃棄物処理負担にかかる将来的なコストを隠蔽してしまいました。

そうすることで、問題の所在を別なところへ移転させてしまったのです。

こうした移転は様々なところで行われました。

技術上の問題をなくすには、技術者を客観的な第三者ではなく、当該の案件から利得を得ることのできるステークホルダーとして抱え込めばよい。そうすることで、技術上の問題は、マネジメントの問題へと移転させることが可能になります。

つまり、技術と安全性の問題を、経営術と利益の問題へとその軸足を移動させることが可能になります。

立地とリスクの問題もまた、お金を介在させることで、迷惑負担と地域の繁栄という問題へと、問題の所在が移転してゆきます。

いずれも、お金というものが介在することで、本来の問題が微妙に別なものに取って換わられていったのです。

日本が、貧しければそのような発想は生まれなかったでしょうが、豊かさを獲得したがゆえに、その豊かさを保証してくれるお金の万能性に頼ろうとする発想が生まれたということでしょう。

もう一度、橋本治に倣《なら》うなら、まさに自分の弱さを隠すために金で買った安全神話とは、野生というものが衰弱する兆候だったのです。

原発神話の瀰漫《びまん》に対抗するには、その最も対極にある価値観を復活させる必要があります。原発神話が、貨幣信仰であり、豊かさの結果であるとするならば、その対極にあるのは、貧乏であり、貧乏な時代を生き延びてきたひとびとの野生の知恵というべきものです。そして、後に述べるように小商いとは、まさに野生の知恵で時代を生き抜くという、生き方のフォルム（形式）だったのです。

原発問題と小商いがやっと繋がりました。

「出生率低下は将来に対する不安」説の嘘

前作『移行期的混乱』（筑摩書房）を書いているとき、わたしはいつもひとつのモチーフを胸の裡《うち》に携えていました。そのモチーフとは、すでにアダム・スミスが『国富論』の中で述べていることなのですが、社会や歴史を考え、指針を導くためのもっとも厄介な原理でもありました。

その厄介な原理とは、「人間というものは必ず自分の意思とは異なることを実現してしまうものだ」というものです。それは何か気の利いた箴言《しんげん》というようなものではなく、人間というもの、人間がつくる社会というものを考えるうえで、いちばんはじめに考慮すべき人間理解の手引きのようなものです。『移行期的混乱』という本を丁寧にお読みいただいた読者の皆様には、わたしが、社会の成り立ちや歴史の変化というものは、個々人の意思と必ずずれをつくり、ときには倒立しながら進行していくものだという原理のもとに議論を進めていたことに気づかれたと思います。

社会、あるいは歴史について考えるとき、わたしは直線的な因果関係を繋ぎ合わせるような議論は、それがどんなに精緻《せいち》なロジックを繋ぎ合わせたものでも（いや精緻であればあるほど）実際とかけ離れた空言《そらごと》か、さらには妄言の類にならざるをえないだろうと思っていたのです。

それはたとえば、大学の授業において、実業界で経験を経た人物を招聘《しょうへい》して、即戦力として役に立つ人材を育成すれば、有能なビジネスマンを社会に送り出すことが可能になり、結果として社会の生産性が上がり、ひとびとの生活が豊かになることにつながるはずだといった「即戦力養成」志向の教育方針です。

ここで学んだ学生は、選択と集中による効率的リソース配分や、ビジネスプロセスの効率的な再編を行うために、ビジネスポートフォリオや、マーケティング理論という考え方で武装して社会の現場に出て行くことになるでしょう。

しかし、かれらは、商品の製造やサービスでは、暗黙知の集積があってはじめて価値を生み出すことが可能になっていることや、顧客の選好は単に価格競争力のあるものや、新規性のあるものや、ブランドへ直線的に向かうわけではないこと、組織を活性化する動機が、報酬や昇進といった直接的なものだけではないといった事実については、知りません。かれらが、合理的なビジネス理論を学べば学ぶほど、非合理的なビジネスの現場について自分たちがどれほど無知であるかについての配慮ができなくなる。言葉は悪いですが、学べば学ぶほど馬鹿になるようなことがあるのです。

多くの現場の問題は、ここから先、つまりものごとがうまく進まない状況をどのように打開してゆくのかというところにあるのですが、そういったまさに現場で戦力として役に立つような思考回路は、上記の学習した理論の中からは出てきようもないのです。

わたしが口を極めて、ビジネス書や経済書は読むに値しない、つまらないものばかりだと言っているのは、それらの書の多くが、問題を単純化し、結論を急ぐあまり問題の所在をひとつの原因に還元することで問題解決の方針を導き出そうとしているというところにありました。これをリニア（単線的）な思考法と言っても同じです。つまり、現在の姿を描き出すために、過去の事例を探り、そのなかに現在を構成する原因を見つけ出してゆくという思考法そのものが、ほとんどほら話の類にしか思えないということなのです。

そこにあるのは、意思したことはそのまま実現するものであり、実現しないのはその意思が間違っていたか、あるいは意思に対する信仰心の強度が足りないからだというような人間観や、社会観です。

しかし、残念ながら人間の社会は、そのようにはできていない。

社会の構造はそれほど単純なものではないし、簡単に割り切れるものでもないというのがわたしの考え方の基本にあります。

「風が吹けば桶屋《おけや》が儲かる」とは、一見関係のなさそうなこともどこかで繋がっていることのたとえですが、同時に無理な論証のたとえでもあります。

わざわざ書くのも気が引けますが、ご説明しておきましょう。

大風が吹くと、道に埃《ほこり》が舞います。埃が舞うと、眼病になるひとが増えます。眼病患者が増えると三味線弾きが増えます（昔は盲人の職業として三味線弾きが連想されたんですね）。三味線が流行れば、それが大量に必要になります。三味線の皮は猫の皮でつくりますので猫がいなくなります。猫がいなくなるとネズミがはびこります。ネズミがはびこると、桶を齧《かじ》ります。それで、桶屋が繁盛する……。

この話は、江戸時代の浮世草子『世間学者気質《かたぎ》』が初出であるといわれています。まあ、一種の諧謔《かいぎゃく》といいましょうか、当時の江戸庶民の知的好奇心を満たすユーモアが感じられて興味深い話です。

しかし、現実には風が吹いても桶屋が儲かることはまずありえませんよね。そして、にもかかわらず、わたしたちは、この「風が吹けば桶屋が儲かる」式の思考法にけっこう簡単に騙され、呪縛されてしまうものだというのも真実だろうと思います。

二〇〇六年をピークにして人口が長期的に減り始めました。この原因はどこにあるのか。多くのひとびとがそれは女性がこどもを産むことに不安を感じているからだ。不安を取り除けばまた女性はこどもを産むようになると考えたはずです。だから、育児給付金を出して経済的な不安を取り除いてあげればまた出生率は上昇するはずだ。

この一見本当らしく思われる説明も、どこか「風が吹けば」の話に似ています。

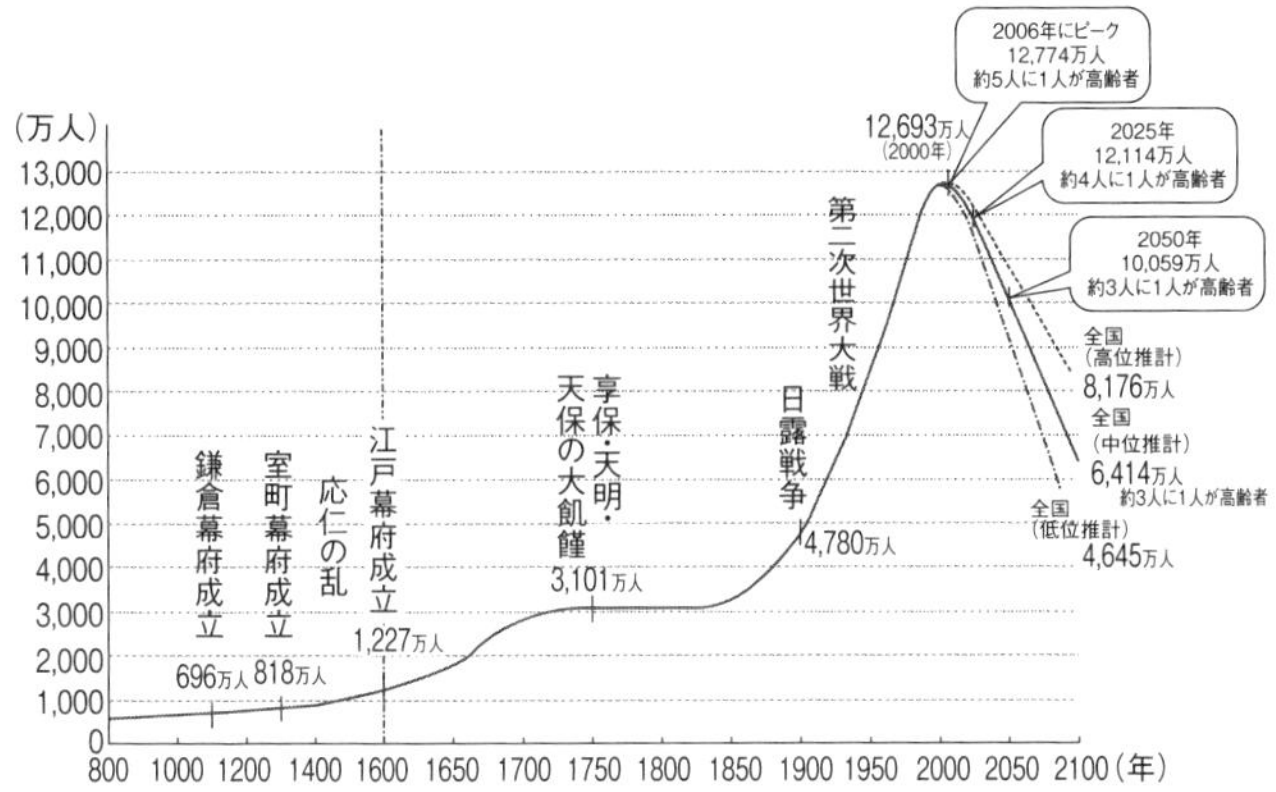

(出典)総務省「国勢調査報告」、同「人口推計年報」、国立社会保障・人口問題研究所「日本の将来推計人口(平成14年1月推計)」、国土庁「日本列島における人口分布変動の長期時系列分析」(1974年)をもとに国土交通省国土計画局作成。

わたしは、この「将来に対する不安」犯人説はたぶんに思い込みであり、冤罪《えんざい》だと思っています。

その理由はこうです。

将来が不安な時代は過去に幾らでもあったはずです。そのとき出生率は有意に低下したのか。そこでわたしは一〇〇〇年のスパンでの総人口の変化を調べてみました（前頁参照）。そうして驚いたことに、日本は歴史上この度のような長期的かつ大幅な人口減少という現象を経験したことがないのだということがわかりました。

これは「将来不安説」に対する明白な反証といえるだろうと思います。

にもかかわらず、多くのひとびとはこのような長期的な人口動態には無関心です。しかし、人口動態のような、惰性の強い現象を理解するには、時間軸をうんと引き伸ばしてその推移を観察してみる必要があります。

歴史の中には、ひとびとが将来に不安を抱いたであろう時代がいくらでもありました。戦争中もそうですし、戦国・室町期のような乱世の時代、あるいは凶作や飢饉《ききん》が続いた時代もありましたが、どの局面においても人口が長期的に減少してゆくようなことは起きていません。

原因は「将来に対する不安」ではないのです。

「将来に対する不安」を取り除けば、こどもが増えるというのは、まさに風が吹けば桶屋が儲かると同じ類のはなしなのです。

人間は意思することと必ず違うことを実現してしまう生きもの

では、なぜこの「将来に対する不安」説は、真実らしく見えてしまうのか。

まず、「将来に対する不安」は、いくつか考えられる原因のうちのひとつにすぎないか、あるいはまったく原因ではないかもしれないということは、少し調べてみれば誰にでもわかるはずです。

もっと他に重要な原因があるかもしれないし、あるいはいくつかの原因が結合した結果として出生率の低下に至ったのかもしれない。

しかし、何が原因かということはどこまでいってもわからない。永遠の「かもしれない」を繰り返すだけなのです。

原因はついによくわからない。

これは「責任者」にとっては大変厄介なことです。これでは問題に対する解決の指針の立てようがない。ぐずぐずしていると「何をやっているんだ！」「問題を根本的に解決しろ！」と叱責《しっせき》の声が飛んできます。

だからとりあえず原因らしいものを切り出して、それを潰そうという対策が立てられるわけです。

そのためには、原因として探り当てたものが、どこかで「そうであってほしい」というひとびとの願望が反映されている必要があります。

もし、「将来に対する不安」が、少子化の原因であればその対策を立てることは容易です。将来に対する不安に言及すること自体は誰も傷つけないし、少子化の原因がそれを考えるひとびとの外部にあるので、本当の意味での責任を感ずる必要もありません。対策というものは、容易かつ短期間で結論が出る、誰にでもわかりやすいものであってほしいという願望が、この「将来に対する不安」説を後押しして、それがあたかも真実であるかのように捏造《ねつぞう》されていくわけです。

しかし、なんびとといえども、最初の常識、つまり歴史上人口が今のように長期的かつ大幅に減少したことはないという事実を書き換えることはできません。

それは、明白なすでに起きてしまった歴史上の事実だからです。

では、現在起きている長期的な人口減少という事態をどう考えればよいのでしょうか。

わたしは、これは何か直接的な原因（瑕疵《かし》や失敗）があって出生率が低下しているのではなく、人間というものは意思していることと違うことを実現してしまう動物であり、今起きていることはわたしたちが、意思し、望んできたことの結果として起きていることではないのかと考えるべきだと思います。

言い換えるなら、わたしたちが原因として取り出した「将来に対する不安」こそが、わたしたちが意思し、望んできたことの結果であるということです。

わたしたちは、個々が、自分の実力が正当に評価され、評価に見合った報酬を得られ、誰にも干渉されない自由を獲得し、自分の選択で人生を切り開き、確かな将来をわがものにしようとして、どういうわけか社会全体としては「将来に対する不安」へと行き着いたというわけです。誰もが、自分の権利の最大化を求めた結果、権利や義務といったこととは異なる原理で動いている隣人同士の類的なつながりが希薄化していく結果になりました。核家族化は、その典型的な顕れだったわけです。

出生率の低下は、この原因と結果のずれをどこかで修正しようとするわたしたちの集合的な無意識が働いた結果なのかもしれません。

別の言い方をすれば、わたしたちの無意識の裡に、現在の日本において、組織的な形で、出生率を下げる必要があるというなにかが起動したということです。

そのなにかを、明確に名指すことはできません。生態学的な、あるいは本能的なものが潜んでいるかもしれませんし、もっと別のわたしたちの知性を超えた原理が働いているかもしれません。専門家の研究が待たれますが、そのような研究が実際になされているという話も聞いたことがありません。

それでも、どのようなファクターによって出生率が低下を始めるのかといった、人口学者による観察と統計は出揃ってきています。

それについては、前作『移行期的混乱』に詳しく書きましたのでご参照願いたいと思います。

ここで、わたしが剔抉《てっけつ》したかったのは、人間の社会とは、望んだことと別の結果を招来してしまうという「不合理」の理路であって、原因をどれかひとつに絞り込むことではありません。この理路を勘定に入れなければ、人口減少問題のような大きな問題に関して語られることはほとんど意味をなさないほら話にすぎないということでした。

わたしは、人間が作り出す社会は不合理に満ちたものであると考えています。それは、人間というものが元来不合理な生きものだと考えているからです。

ですから、人間は必ず経済合理的に行動するものだといったテーゼから出発するいかなる論議も、どうもうそ臭く思えてならなかったのです。

話がくどくなってしまいました。

わたしがここで言いたかったのは、歴史や、社会といった大きな枠組みについて思考するためには「人間とは自分が意思することとは、必ず違うことを実現してしまうような生きもの」であることを勘定に入れた思想がどうしても必要になるということです。

ちいさな問題とおとなの関係について

大きな話になってしまいましたが、本書の本題は大きな話ではなく、もっとちいさなことについて考えたいということでした。ここでは、ちいさな問題と、上記の「人間とは自分が意思することとは、必ず違うことを実現する」ような大きな問題との関係について論じたいと思います。

ちいさな問題とはいっても、それが瑣末《さまつ》的な、どうでもよい問題だというわけではありません。わたしは、個人にとっては、ちいさな問題をどう対処しているかというところに、その人間の本質が顕れるものだと思っています。

また、ちいさな問題は、易しい問題というわけでもありません。

これをどのように取り扱うかということに関しても、いくつもの考えなくてはならない重要な鍵が潜んでいます。

つまり、そこを外してはちいさな問題を取り扱うどんな言説も意味をなさないというような最初の鍵があり、その鍵についてこれからご説明したいと思います。

まず、最初にお断りしておかなければならないことは、問題が「大きい」か「ちいさい」かということは、どちらが重要であるかということをまったく意味していないということです。

天下国家を論ずる「大きい」枠組みの思考が、より重要で切実であり、個人の私生活や、ちいさな会社に現れる問題について考えることは、副次的な問題であるというふうにはまったく考えていないということです。

もちろんその逆でもない。

では、わたしは「大きい」問題と「ちいさい」問題の違いをどのように考えているのか。何度も繰り返しているように、問題のスケールが「大きい」か「ちいさい」かということは、どちらがより重要かということを意味しません。では、何が違うのかといえば、語り手である「わたし」の位置取りが違うということなのです。

「大きい」問題では、「わたし」はただ背景のひとつとして視野のどこかに現れるにすぎません。そこでは「わたし」の願望や、意思というものはほとんど問題にはなりません。いや、「大きい」問題を処理する場合には「わたし」は、問題を考える思考にバイアスをあたえてしまうだけの躓《つまず》きの石なのです。「大きい」問題では、個々人の意思や願望がなぜ、そのまま実現されずに、思わぬ結果となって招来するのかという理路を理解することが重要なことだとわたしは考えています。

しかし、「ちいさい」問題を取り扱う場合には、必ず「わたし」がその問題を引き受け、どのように行動し、どこまで責任を負うのかということが重要になります。

「大きい問題」と「ちいさな問題」では、その中に含まれる不合理性の処理の仕方が違うのです。

「ちいさい」問題を取り扱うときに、「わたし」を捨象《しゃしょう》してしまうと、それはただの絵に描いた道徳のようなものにならざるをえません。

ひとは、自分を棚上げしたところでは何でも言うことが可能ですが、自分を棚上げしてなされた言葉は中空に浮遊するだけで、他者に届くことはありません。

あまりよい例ではありませんが、たとえば幼児虐待を日常化している母親が、日中の領土問題に関して正しい認識に至ることは可能かもしれませんが、親子の情愛について正しい理解に至ることはないだろうと思います。もちろん、この場合でも彼女は親のこどもに対する愛情がいかに大切なことかを説くことは可能なわけです。しかし、それは自分を棚上げにした場合だけです。そして自分を棚上げにして語られた道徳や倫理や正義というものは、多くの場合他者に対してよい効果を与えるよりは、悪い影響を与えてしまうものだろうと思います。

その理由は、「ちいさな」問題は、当事者である自分が努力したり、考えたり、実践したりすれば解決することが可能な問題だからであり、そのような問題に関しては、当事者は責任を負っていると考えるべきだと思うからです。

しかし「大きな」問題は、ひとりの意思で直接的に解決するようにはできていない。むしろ、それを望むことは大変に危険なことであるとわたしは考えています。英雄待望や、独裁者を生む素地は、「大きな」問題が力の強い指導者が現れれば解決可能だと短絡的に考えるところに生まれるのです。

「大きな」問題とは上述の「ちいさな」問題が積み重ねられた結果であり、「大きな」問題の解決は、無数の「ちいさな」問題を自分の問題として引き受ける、無数のちいさなひとびとが地道な努力を重ねることによってのみ成しうるのだとわたしは考えているのです。

随分回り道をしましたが、わたしが本書で語ろうとする問題がなぜ「小商い」なのかをご説明したいと思います。「小商い」とはまさに、「ちいさな」問題を考える際に取りうる立ち位置から、ビジネスや、社会に関わるということです。

そして、やや強引な言い方を許していただけるなら、「ちいさな」問題が、それを自分の問題として引き受けるところからしか解決の糸口が見出せないということは、この問題を解決することができるのは、おとなだけだということになります。

なぜなら、こどもには自分が行ったことの結果に関してはほとんど責任は無いといってよいからです。こどもの行ったことの結果責任を負うのは、保護者であるおとなです。おとなだけが、自分が行ったことの責任を取れるのです。

「拡大か・縮小か」ではなく経済をどう「均衡するか」

原子力発電所の事故によって、日本は大きな打撃を受けました。しかし、この打撃の意味がどれほどのものなのかについて、それを推進してきたひとびとはほんとうに理解しているのでしょうか。わたしは、疑わしいと思っています。いや、多くの日本人はこの度の原発事故が取り返しのつかないものだということを骨身にしみて感じており、原子力行政がいかに杜撰《ずさん》なものであったかを理解し、それを自分にも他人にも許してきたことを反省しているにちがいないと思います。しかし、マスコミや経済人のなかには、まるで今回の事故が、単なる一過性の躓きであり、これにとらわれていては日本経済は失墜してしまうので、早くもとの状態に戻さなければならないと本気で考えている方々もおられるようです。

たとえば、二〇一一年九月二日付の読売新聞社説を読んで、わたしは思わず自分の目を疑いました。

東京電力と東北電力の管内で、昨年夏に比べて15％の節電を義務づける電力使用制限令が、予定より早く解除される。深刻な電力不足の恐れが薄れたためで、東京電力管内は9月22日としていた制限の終了日を9日に前倒しする。東電、東北電管内にある東日本大震災などの被災地については、2日で使用制限を終える。官民をあげた節電努力に加え、残暑がやわらいできたことも追い風になったのだろう。電力制限は、原子力発電所の事故の影響による電力不足に対応し、大規模な工場やビルを対象に7月1日からスタートした。多くの企業が節電と生産を両立させるため、工場の操業を平日から休日に移すなどの工夫を重ねた。自主的な節電を求められた家庭を含め、冷房の設定温度の引き上げや、余分な照明の消灯など、節電の動きが広がった。省電力の発光ダイオード（LED）電球などの普及にも弾みがついた。こうした努力によって、震災直後のような「計画停電」は回避された。省電力に取り組んだ経験を生かして、電気を無駄にしないライフスタイルを定着させたい。ただし、暖房などで電力需要が高まる冬に電力不足が再び深刻になる恐れが強い。菅首相が引き起こした無用の混乱のせいで、定期検査で停止した原発の再稼働にメドが立たないからだ。このままでは、来年春までに全原発が停止しかねない。野田新首相は民主党代表選で、場当たり的な「脱原発」政策を継承せず、安全確認できた原発を再稼働させると公約した。

その実現に指導力を発揮すべきだ。今回の電力制限は、電力不足が経済活動を大きく制約することを改めて裏付けた。震災で減った発注がようやく戻ったのに、節電によって思い通りの生産ができなかった工場は多い。4月から順調に回復していた鉱工業生産は、7月にブレーキがかかった。電力使用制限の開始が影響した可能性がある。電力供給への不安から、企業が生産拠点を海外移転させる動きも出ている。空洞化が加速し、雇用の減少に波及しないか心配だ。東電など電力各社は、原発停止の電力不足を火力発電の追加で補っているが、そのコストは年3兆円と巨額にのぼる。いずれ電力料金の上昇につながろう。原発の再稼働は、産業空洞化を防ぎ、日本経済が震災から本格的に立ち直る必要条件である。

（二〇一一年九月二日　読売新聞）

読売新聞は、この社説以外にも原発再稼働を促す記事を多発していますが、その理由はこの社説の最後に示された、産業空洞化の防止と、日本経済の再興のためには原発はどうしても必要なのだということなのでしょう。

そして、多くの原発推進派のひとびとに乗せられて、この度の事故に過剰反応しているひとびとはナイーブにすぎるのであり、ヒステリックになっているだけだといいたいわけです。

冷静になって、現実的に考えてみれば、原子力なしでは国際競争に勝てないばかりか、再生可能エネルギーなんていうものは、お花畑にあこがれる少女趣味にすぎないことがわかるだろうといいたいのかもしれません。

この議論の進め方には、正直うんざりしているのですが、やはり反論をしておくべきでしょう。

まず、産業の空洞化とは、電力事情の悪化によって工場が安定操業を確保するために海外移転をするということを意味しています。しかし、電力の安定供給ということと、大手企業が海外へ進出することとは、本質的に別の文脈で考えるべき問題です。もちろん、工場機能の一部を緊急避難的に海外へ移転するということはあるでしょうが、大手企業が海外へ生産の拠点を移していることは、原発事故によって始まったことではありません。大手企業の製造部門海外移転の主因は、経済のグローバル化にあると言うべきであり、企業はコスト削減のために廉価な労働力の確保および生産コスト総体の削減に有利な海外への生産拠点の移転を始めていたわけです。

ましてや、多国籍企業となれば世界のどこで仕入れて、どこで作り、どこで売るのが最も効率的かつコストメリットがあるかを追求することが必然であり、その意味では人件費の高い日本から生産現場を海外へ移転するのは必然といってもよいでしょう。その結果として、国内の産業が空洞化するというのも、必然的な帰結です。技術の蓄積とは、まさに生産の現場にこそ宿ることは、実際の生産現場を知るものにとってはあたりまえだからです。よく、頭脳集約的な上流工程だけを日本に残して、労働集約的なものは廉価な労働力のある海外で行えばよいということを耳にしますが、ものづくりや第一次産業に関して言えば、知的な資産や技術だけを、生産の現場から切り離すことなどできないのです。空洞化とは、まさに蓄積した暗黙知や、生産現場に根づいた労働の経験知が、海外へ流出してしまい産業の根幹が消失してしまうことを意味しています。

生産の現場を知るものは、誰でもこのことを知っているはずです。

では、なぜ知っていながら、海外へと企業は出ていくのか。

多国籍企業は、世界のどこで儲けようが、どこで雇用を作ろうが、構わないわけです。企業体としての利益が最優先されるのであり、それだけが目的であるといってもよいわけです。多国籍企業には、国民経済というものを健全に維持していくというモチーフなどは原理的にも実態的にも存在していないのです。多国籍に足場を置いているのですからね。だから、国民経済というような概念は最初から眼中にない。逆に言えば、グローバリズムこそは、多国籍企業が目的を達成する最適な環境なのだということです。

したがって、先進工業国の労働集約的な生産拠点が、廉価な労働力の豊富な海外へと移転し、国内が空洞化するのは、グローバリズム、フリートレードの下では必然であるといえます。耐久消費財をはじめとして、衣料、雑貨、レジャー用品に至るまで、地産地消は過去のものとなっています。

しかし、国民経済という視点で見れば、その屋台骨を支える食料生産物（魚や農産物など）が、賃金の安い場所で生産、加工され地球を迂回して日本市場に流れ込んできている現状は、見過ごすわけにはいきません。グローバルな効率性だけを追ったこの流れは、国民経済という視点から見れば、バランスを欠いたコスト競争のチキンレースに振り回されているというべきでしょう。国民経済にとって重要なことは、経済を拡大するか、縮小するかということではなく、均衡するということだからです。もし、経済が均衡的に拡大する条件を失っているならば、縮小して均衡させる方策を考えなくてはなりません。そのためには、為替リスクや政治的なリスクをヘッジ（回避）しておく必要があります。安ければ世界のどこからでも輸入すればよいというビジネスロジックは、このリスクを無視しているわけです。食料を輸入に頼りきることが、バランスを欠くというのは、そういう意味です。

反省できないこども

国民経済と企業の経済はもともと異なる原理で動いているわけです。

現在はコスト安であったとしても、途上国が次々と民主化し発展している状況を考えると、地球上に人件費フロンティアはアフリカや南米の一部の貧困地域しか残らないということになります。そして、それらの地域のひとびとが発展国のひとびとの胃袋を満たすために極貧に甘んじなければならないのが現状の姿です。

食料品などの第一次産品は、政治や経済の混乱によって生じるカントリーリスクや、自然災害によるリスクなどを勘案すれば、関係諸国間における非敵対的な保護貿易政策によってリスクヘッジをし、国内生産の比率を一定以上に保つことは必要なことなのです。

貿易による差益を確保することは企業にとっての課題ですが、いかにして国内産業を保護・育成して雇用のベースラインをつくりながら、付加価値の高い産業を興して新規雇用を確保していくかという国民経済の課題は、すべての先進工業国の共通する現在的な課題です。エネルギー問題も、食料品など第一次産品と同じことがいえます。国民経済という視点から考えるなら、エネルギー政策を見直し、安全で長期的な自給が可能な再生可能エネルギーへとシフトしてゆくことは、ひとつの機会になりえても障害となる理由にはならないでしょう。現在の状況では、いったん原発事後が起これば、高価なエネルギー源を緊急的に輸入しなければならなくなります。

日本経済が震災から本格的に立ち直るために、原発の再開が必要だという後段のロジックも本末が転倒した奇妙な言い分だと言うほかはありません。

そもそも、これほど震災からの復興に手間取っているのは、まさに原発事故があったからであり、原発が稼働していないからではないことは明らかです。原発の事故のコストや、廃棄物処理のコストは、現在においてもほとんど計量不能なほど不確かな要素が多いことが明らかになってきました。農作物や海産物、食肉の汚染はいつどのようなかたちで収束するのかまだ何も目処《めど》が立ちません。福島原発から二〇キロ圏内にはまだ多くの店舗がありますが、そこにある商品をどう処理するのかについて、汚染商品の物理的処理の問題も、損失の補償についてもなかなか進んでいないのが現状です。いっこうに捗《はかど》らない土壌汚染除去も深刻な問題です。そもそも、わたしたちの生存中に福島原発周辺地のひとびとが自分の土地へ帰れるかどうかさえ不確かなのです。わたしは、かなり絶望的ではないかと思っています。その理由は、唯一の同じ規模の災害事例であるチェルノブイリの現状をすでに見ているからです。

これほどの犠牲を払ってなお、どうして原発再開で震災復興を描けるロジックになるのか、わたしはむしろそのことに興味を覚えます。原発再開には、それが絶対安全であるという保証と、廃棄物処理の確実な技術の確立が前提にならねばなりませんが、そのどちらも否定されたのが今回の事故だったわけですから。

わたしは同意しませんが、むしろ、軍事的な理由とか、同盟国である米国の産軍複合体からの圧力もあって、原発を廃止するわけにはいかないという方が筋が通ると思えるのです。と書いたら、なんと数日後の読売新聞の社説で、プルトニウムを持つことが核抑止力になっているとの記事が出てびっくりしました。これは、日本の報道機関としてはいわば暗黙の禁じ手でした。もし報道機関として、これを本気で主張したいのなら、原発が軍事的なオプションであることの正当性を、憲法や、NPT（核拡散防止条約）や、非核三原則といったこととの関係を含めて説明する必要があるでしょう。

なぜ、読売新聞の社説筆者は着物の下に鎧《よろい》が見えるような主張をしているのでしょうか。ひとつには、なんとか憲法を改正して「普通の国家」にしたいという年来の意向が、このようなねじれたかたちで表現されたということがあるかもしれません。

しかし、それをここで言い出すのはあまりに唐突であり、筋違いです。

むしろわたしは、どうしても原発を存続しなければならないという信念（というか思い込み）が、このような無謀な議論を生み出すことになっていると思っています。

その根底にあるのは、経済成長しなければならないという強迫観念です。この強迫観念をあたかも自明の真実であるかのように思い込んでいるところに、わたしはおとなになりきれない知性というものを感じざるをえません。

安全神話も、経済成長神話も、かくありたいという希望をあたかもそれ以外に選択肢がないと考えて、それこそが正しい認識なのだと思い込んだところに生まれてきた幻想にすぎないとわたしは思っています。

エネルギーを確保しなければ日本経済は世界に太刀打ちできないとか、経済成長しなければ日本中に失業者が溢れ、犯罪が増加し、やがて日本は滅びてしまうという人が少なからずいますが、わたしはこういった競争的なものの見方や、単線的なロジックをこどもの言い分だといいたいのです。

成長すること、経済的に発展すること、国際競争力で優位に立つこと。

こういった経済成長によってしか、社会の安定や、個人の幸福や、国家の威信というものを思い描くことができない知性にとっては、社会の安定や個人の幸福、そして国家の威信とは、お金で買える程度のものでしかありません。実際にはそのどれもがお金では解決できないことを、この数十年間の世界の歴史が明らかにしてきたのではないでしょうか。むしろ、経済的な発展の結果が、ある段階から格差の拡大や、文化の貧困化へ向かったと見るほうが自然です。これは、経済の拡大が様々な問題を解決するフェーズを過ぎて、新たな問題の原因となるフェーズに入ったということを意味しています。

その光景は、日本がまだこどもだった昭和三十年代に高度経済成長してきたことと対照的です。

高度経済成長は、貧困という問題を抱えていた日本にとってはストレートに問題解決をもたらすものでした。この時代に日本が高度経済成長できた理由は、後にまた詳しく述べますが、まだ若く、貧乏であったからであり、そのような環境から脱出するために、日本人が勤勉に、希望をもって自分の仕事に打ち込んできたからにほかなりません。経済政策や、国際環境といったことも重要な要素であることを否定しませんが、日本人の中に労働への意欲が横溢《おういつ》していなければ、外部環境がどうであれ成長することなどできないはずです。それは、国家でも、大きな会社でも、中小・零細企業でも変わりはない。それができた最大の理由は、日本がまだ貧乏だったということに尽きるとわたしは思っています。日本が貧乏だったから、所得倍増計画を経て高度経済成長へと突き進むことのできる『拡大均衡」が可能であったのです。

現在の日本は、世界有数の経済大国であり、富を蓄えた成熟国家です。すくなくとも外形的にはそういうポジションにあります。しかし、その成熟国家のメンバーたちはいまだにかつての高度経済成長期の夢を追っていることもなのです。

しかし、成熟国家のメンバーはかつての日本人とはその労働観も、生活の質も、食べているものもまったく異なっています。

物理的な労働時間も、かつてとは比較にならないほど短くなっているわけです。

それは、貧乏から脱して獲得し蓄えてきた日本人の資産であるといってもよいでしょう。

自分の自由な時間や、家族との団欒《だんらん》の時間や、贅沢な食事や衣服というものを我慢することで、それらを獲得するに至ったわけです。

その目的が達せられた後に、我慢をすることなくさらに成長を望もうとしているわけです。こどもは我慢をできませんからね。

下腹に脂肪を蓄えたこどもというものをあまり想像したくはありませんが、日本という国家のメンバーもそろそろ国情に似合うおとなの思考というものをすべきではないでしょうか。

立ち止まって、見直してみろ

ここから先は、すこし無謀な議論を展開したいと思います。それは、現在の被災地に希望を見出すことが可能かどうかという議論です。もちろん、わたしは理由もなく無謀な空想をしたいわけではなく、現在困難を極めている被災地域の復興に関して、どこかに積極的な意味を見出せないか、見出せるとすればそれはどこにあるのかを探りたいわけです。

この度の事故で、福島を中心に広大な地域が放射能汚染されました。

まず、この放射能汚染をどのように考えるべきなのか。

わたしたちは、この放射能汚染とどこまで闘っていけるのかという問題です。

多くの問題は、わたしたちがその処方を考え、闘うことで解決してゆくことが可能でした。技術も、お金もその戦闘のための重要な要素でした。

しかし、原発事故によって、わたしたちが生きている時間の幅を遥かに超えて残存するであろう放射性物質が広域にふりまかれてしまったわけです。

もちろん、放射線測定や、それに基づいた汚染土壌の除去、あるいは必要であれば住民の避難ということは喫緊《きっきん》の課題です。

しかし、そのことで広域にふりまかれた放射性物質が消え去ることはありません。

わたしたちは、これと闘うということがほとんど困難な状況に立っています。そうだとすれば、わたしたちが取るべき方法は、放射能と共存する以外にはないということになります。

果たしてそんなことが可能なのでしょうか。

わたしは、可能であると思っています。

疫学的な耐性について一知半解の知識を述べるつもりはありません。

わたしは、心的な耐性を身につけることこそ、困難と共存する第一歩だと思っています。

放射能との共存は、原発を容認するということではもちろんありません。

原発に関してのわたしの立ち位置は、推進か撤退かというよりはもっと積極的な否定です。地球上の人間が、七〇億人を超え、日本は歴史上の人口減少のとばくちにあります。日本は、原発に限らず、今以上にエネルギーを使い続けるという選択を止めるべきだと思っています。日本のみならず、人類は原発というものに頼ってエネルギーをこれ以上浪費すべきではない。少なくとも、そのような方向へ、生活の方をシフトしてゆくべきだと思います。

放射能は、不治の病に似ています。

現代の科学の力をもってしては、すぐに放射能の力を無化することはできない。わたしたちは、絶望的になるしかないのでしょうか。

しかし、不治の病に罹《かか》った患者は、そうでないひとに比べて絶望的かといえば必ずしもそうとばかりはいえないだろうと思います。

確かに、不治の病に罹るということは、不幸なことかもしれませんが、人間は誰であれ死亡率一〇〇パーセントという死を宣告されて生まれてきた存在です。

その意味では、人間は誰でも不治の病を裡《うち》に抱え込んでいるといえるでしょう。

問題は、生きていることの質をどれだけ高められるのか、その質とは何なのか、生きることに意味があると思えるような生活を作り上げることができるのかということだろうと思います。

わたしは、「生きることとはどういうことか」といった種類の議論は趣味に合いませんし（それこそひとりひとりが自由に考える問題です）、道徳的な観念を展開しようとするつもりもその資格もありませんが、できうるならば心安らかで、平穏な死を迎えたいと思っています。両親を看取った経験から言わせていただくなら、他の友人や隣人にも、そうしてほしいと思います。

そのためには、今の自分たちの生活というものをもう一度見直すべきときが来ていると思っているのです。人口減少や超高齢化という現象がわたしたちに告げているのも、同じことだろうと思います。

立ち止まって、見直してみろということです。

お前たちが生きているのは、お金や、電気エネルギーによってではない。それらは確かに生活を豊かにしてゆくための条件だが、生きるということの根本には、お前たちの知らない生命のプログラムが働いているのだ、ということをです。

それを別の言葉で言うなら、ひとはその野生を失ったら死ぬのだ、死んでいるのと同じだということです。

放射能と共存して生きるとは、自分たちの野生が本来持っている耐性を甦らせるということです。

放射能を排出しなければ取り出せないようなエネルギーから、自分たちの野生の身体を遠ざけながら、耐性が甦るのを待つということです。

こういった考えは、どこかで文明そのものを否定することに似ていますが、必ずしもそういうことを意味しているわけではありません。わたしたちが作り上げてきた文明そのものは、否定しようがすまいが、現在のわたしたちそのものの姿です。

放射能と共存していかなければならないのと同じように、わたしたちは文明とも共存していかなくてはならない。

そのなかで、わたしたちに必要であり、できうることは、わたしたちが依拠してきた価値観を転換するということであり、歩み出す方位を変えるということだろうと思います。

「完全雇用・生活水準の引き上げ」こそ所得倍増計画

では、どんな価値観を持ち、どんな方位へ向けて歩み出せばよいのか。

すでに、第二章で言及しましたが、昭和三十年代（一九六〇年代）の東京がそのひとつのヒントです。

東京大空襲で焼け野原になった東京が、終戦から数年で立ち直りの兆しを見せ、三十年代半ばには所得倍増計画によって大きな復興を成し遂げました。

所得倍増計画とは、一九五九年当時（岸信介内閣）の大蔵官僚であった下村治たちが中心になって作り上げた国民経済浮揚のための計画です。

六〇年安保を背景にして、岸内閣が瓦解し池田勇人《はやと》が総理大臣になったときに、この下村経済計画が前面に出てきます。

それは、十年間で国民所得を倍にするという（今から見れば）突飛なものでした。総理大臣池田勇人は、だみ声を響かせて所得を倍にする、完全雇用を実現すると演説しました。

この計画は、毎年一〇パーセント以上のGNP（国民総生産）の成長を意味する大胆な経済膨張策でしたが、十年計画が最初の六年で実現してしまうという奇跡的な経済成長を成し遂げることができたのです。

いったい、所得倍増計画とは何だったのか。

いかにして、国民所得を倍にすることが可能だったのか。

そのとき、日本に何が起きていたのか。

それらのことをここでもう一度考えてみたいと思います。

まずは、所得倍増計画の中身がどのようなものであったのかを見てみましょう。

国立国会図書館議会官庁資料室というところに、「国民所得倍増計画について」（昭和三十五年十二月二十七日　閣議決定）という資料があります。この資料はインターネットでも閲覧することができます。

少し長いですが、その概要部分を見てみましょう。

（1）計画の目的

国民所得倍増計画は、速やかに国民総生産を倍増して、雇用の増大による完全雇用の達成をはかり、国民の生活水準を大巾に引き上げることを目的とするものでなければならない。この場合とくに農業と非農業間、大企業と中小企業間、地域相互間ならびに所得階層間に存在する生活上および所得上の格差の是正につとめ、もって国民経済と国民生活の均衡ある発展を期さなければならない。

（2）計画の目標

国民所得倍増計画は、今後一〇年以内に国民総生産二六兆円（三三年度価格）に到達することを目標とするが、これを達成するため、計画の前半期において、技術革新の急速な進展、豊富な労働力の存在など成長を支える極めて強い要因の存在にかんがみ、適切な政策の運営と国民各位の協力により計画当初三ヵ年について三五年度一三兆六千億円（三三年度価格一三兆円）から年平均九％の経済成長を達成し、昭和三八年度に一七兆六千億円（三五年度価格）の実現を期する。

（3）計画実施上とくに留意すべき諸点とその対策の方向

経済審議会の答申の計画は、これを尊重するが、経済成長の実勢はもとより、その他諸般の情勢に応じ、弾力的に措置するとともに、経済の実態に即して、前記計画の目的に副《そ》うよう施策を行わなければならない。とくにこの場合次の諸点の施策に遺憾なきを期するものとする。

（イ）農業近代化の推進

国民経済の均衡ある発展を確保するため、農業の生産、所得及び構造等の各般の施策にわたり新たなる抜本的農政の基底となる農業基本法を制定して農業の近代化を推進する。

これに伴い農業生産基盤整備のための投資とともに、農業の近代化推進に所要する投融資額は、これを積極的に確保するものとする。

なお、沿岸漁業の振興についても右と同様に措置するものとする。

（ロ）中小企業の近代化

中小企業の生産性を高め、二重構造の緩和と、企業間格差の是正をはかるため、各般の施策を強力に推進するとともにとくに中小企業近代化資金の適正な供給を確保するものとする。

（ハ）後進地域の開発促進

後進性の強い地域（南九州、西九州、山陰、四国南部等を含む。）の開発促進ならびに所得格差是正のため、速やかに国土総合開発計画を策定し、その資源の開発につとめる。さらに、税制金融、公共投資補助率等について特段の措置を講ずるとともに所要の立法を検討し、それら地域に適合した工業等の分散をはかり、以って地域住民の福祉向上とその地域の後進性克服を達成するものとする。

（ニ）産業の適正配置の推進と公共投資の地域別配分の再検討

産業の適正配置にあたっては、わが国の高度成長を長期にわたって持続し、企業の国際競争力を強化し、社会資本の効率を高めるために経済合理性を尊重してゆくことはもとより必要であるが、これが地域相互間の格差の拡大をもたらすものであってはならない。

したがって、経済合理性を尊重し、同時に地域格差の拡大を防止するため、とくに地域別の公共投資については、地域の特性に従って投融資の比重を弾力的に調整する必要がある。これにより経済発展に即応した公共投資の効果を高めるとともに、地域間格差の是正に資するものとする。

（ホ）世界経済の発展に対する積極的協力

生産性向上にもとづく輸出競争力の強化とこれによる輸出拡大、外貨収入の増大が、この計画の達成の重要な鍵であることにかんがみ、強力な輸出振興策ならびに観光、海運その他貿易外収入増加策を講ずるとともに、低開発諸国の経済発展を促進し、その所得水準を高めるため、広く各国との経済協力を積極的に促進するものとする。

（収載資料：内閣制度百年史　下　内閣制度百年史編纂委員会　内閣官房　一九八五年　三六四～三六六頁　傍点は筆者）

さて、いかがでしょうか。わたしは、この所得倍増計画というものを一読し、少々意外な感を持ちました。部分的なところでは、たとえば輸出振興による外貨獲得とか、農業生産基盤整備へ向けた積極投資といった政策が目に付くのですが、この計画全体を覆っている思想、あるいは哲学というものが、いわゆる、格差の是正、国民経済の均衡ある発展だというところです。

国民総生産を倍増する目的が、雇用の増大による完全雇用の達成をはかり、国民の生活水準を大巾に引き上げることでなければならないとしていることは、この所得倍増計画なるものが、国民経済というものの向上を第一義的に目指しているということです。現在言われている、国際競争に後れをとらないためであったり、繁栄を享受し続けるためのものであったりする経済成長戦略と下村の経済成長論の著しい違いは、この国民経済という視点です。

行財政改革によって、リソースを最も効率的に配分することで、競争力のある産業を後押しするといった先富論的な経済成長論には、国民経済という視点が徹底的に欠けていると言わざるをえません。

好意的に解釈すれば、歴代の政府もまた国民経済を押し上げながら経済成長を持続させるという戦略を採りたかったのかもしれませんが、財政赤字が膨らみ、総需要が減退し、長期的なデフレが続くという経済状況のなかでは、選択と集中以外には経済成長を描くことが不可能なのです。

経済成長論というものは、基本的には積極財政、積極的な投資、近代化、輸出の拡大といったところに収斂《しゅうれん》してゆきます。それはある意味で当然のことなのです。なぜなら、国民総生産とは、国内の総消費と、総投資、政府支出および貿易差益の総和だからです。これらのひとつひとつがバランスよく伸びている状態が、経済の拡大均衡という状態なのです。

現在の政治家や、実業家、エコノミストもまた経済成長の要を説いています。

ただ、池田内閣当時は、何をやってもうまくいく状態だったものが、いまはたとえば国内の消費を増やそうと思って減税しても、それが市場へ流れずに貯蓄に回ったり、あるいは増税して歳入を確保しようとすれば、消費がさらに冷え込んでデフレ傾向が進行したりといった具合に、何をやってもうまく回っていきません。

このことが意味していることは拡大均衡の条件がすでに崩れているということです。

現在の西欧型先進国の経済の構造そのものがもはや拡大均衡できる状況ではなく、かといって今のところ為政者《いせいしゃ》は誰も縮小均衡を説きませんので、アンバランスという状態のなかでの成長戦略が画策されることになります。アンバランスな状態でも可能な成長というものがないわけではありませんが、それはたとえば、国民生活の犠牲の上にたつ選択と集中、その結果としてのバブル期待ということになってしまいます。

しかし、作られたバブルというものがどれほど脆弱《ぜいじゃく》なものであるのか、バブルの反動がどれほど悲惨なものであるのかについて、わたしたちはいやと言うほど見てきたわけです。そしてその頂点が、作られた住宅バブルであり、証券バブルであったサブプライム・ローンであり、その反動がリーマン・ショックだったというわけです。

経済の拡大均衡はなぜ可能だったか

ではなぜ、池田勇人の時代に経済は拡大均衡することができたのか。

それがわかれば、現在経済成長するためには何が必要条件で、その必要な条件は揃えられるものなのか、それとも満たすことが不可能なものなのかという問いへ進むことができます。

わたしは、経済成長するための条件を満たすことがほとんど不可能な時代が現在という混乱期なのだという立場にたっていますので、経済成長もまたできないという結論になります。

結論を急ぎすぎました。

なぜ、昭和三十年代に経済は拡大均衡に向かったのかという話をしていました。

わたしは、そのことをずっと考え、統計資料を調べたり、専門家のレクチャーを聞いたりしたのですが、なかなかピタリとする答えにめぐり合うことができませんでした。

そして、意外なところにその答えを発見したのです。

その答えは、まさに第三章で引用した橋本治さんの『貧乏は正しい!』の中にあります。

日本が貧乏だったということが、経済が拡大均衡してゆくための最も重要な初期条件だったということです。

そして、貧乏な日本の隣に、裕福で巨大な消費地であるアメリカがあったということです。日本が貧乏であったとはどういうことか。

貧乏である日本人は、裕福になろうとして一所懸命に働きました。

貧乏な日本人は、生きていくことに必死であり、家族を養うために働き続けました。遊ぶ時間も余裕もなかったのです。

貧乏な日本人は、貧乏でない国民とは何かというものを、日本と経済的に最も緊密な国であるアメリカの中に見ることができました。映画や雑誌やテレビの中で。

アメリカでは、一家に一台テレビがあるらしい。アメリカは車社会で町を縦横にハイウェイが走っているらしい。アメリカには、電気洗濯機があり、電気掃除機があり、エアコンディショナーまである。

実際に、テレビの画面から飛び込んでくるアメリカのホームドラマは、想像していた通りのもので、暮らしが向上するということはこういうことなのだということを実感したのではないでしょうか。

アメリカにあって日本になかったもの。それはたくさんあったでしょうが、最も象徴的だったのは、電化製品や車といったこれらの耐久消費財普及の圧倒的な差だったといえます。

庶民は、アメリカの豊かさに憧れを抱いていたと思います。それは具体的で明確な目標であり、それゆえに日本人全てが共有可能な夢であり得たのです。

日本も、いつかアメリカのように文明の利器が浸透し、道路は舗装されハイウェイには車が行き交うような国になって欲しいと思っていた。

そこに、大きな需要が生まれてくる素地があったわけです。

所得倍増という経済計画が成功し、可処分所得が増加し、同時に文化的な生活への渇望があるということは、モノが売れるための最大の条件です。逆に、モノが売れなければ所得倍増も絵に描いた餅でしかありません。この原因と結果の関係は、実はタマゴとニワトリのようにどちらが先行しているのかわからないループになっています。このループがそのまま拡大してゆくことができることが均衡ということなのです。拡大均衡論を唱えるためには、そういうことが起きる条件とは何かを考えてみる必要があります。

工場は、日本産のテレビや冷蔵庫、車を作るための設備投資を積極的に行いました。結果は、その設備投資でコストとして計上した金額の何倍にもなって翌年の受注が増えていきました。いわゆる、乗数効果が働く条件が整っていたわけです。

設備投資をし、大量生産すればするだけ、国民もまた大量消費へ向かいました。何しろ、まだ何も揃っていなかった、貧乏所帯がほとんどの日本人の生活だったからです。

そこに、所得倍増という呪文のような掛け声が響いたわけですから、その増えた分を耐久消費財購入の資金にあてられると考えたわけです。

工場の生産が増加すれば、そこに大きな雇用が生まれます。そしてこの少し前に、大田区や、墨田区を中心にして大量に生まれ、朝鮮戦争の軍需特需で勢いづいた「ひとり親方」という新しい零細企業群にも、新しい注文が舞い込みます（第二章参照）。

そのことで、労働者の収入は増加し、増税なしでも法人税収が上がっていきます。

まさに、国民経済がバランスを保ったままで拡大していったわけです。

朝鮮戦争による特需や、アメリカという巨大な消費地の存在など、経済成長を後押しする条件にも恵まれました。経済成長の過程で、隣にアメリカという巨大な消費地を抱えていたことは、日本に大きなアドバンテージとなりました。国内の需要が増大するのと並行して、輸出もまた大変な伸びを見せたのです。

金額的な面だけで見れば、この輸出超過量が経済の拡大に最も大きく寄与しました。

八〇年代になると、この日本の輸出超過と、アメリカの輸入超過が大きな問題としてクローズアップされるようになったのは、周知のとおりです。

しかし、日本が国民経済を底上げするかたちで経済成長できた、その一番の理由は、国民生活のなかにはまだほとんど何も揃っていなかったということであり、日本人が若く、貧乏であったということだろうと思います。

ところで、日本の高度経済成長期において、大変重要なことがあります。現在高度経済成長している、中国や、インドやロシア、ブラジルといった国とは異質な、日本ならではの特徴があらわれました。

それは、拡大均衡のなかで、貧富の格差や農村と都市の格差が縮まっていったということです。

下村治にとっても、経済成長はまさに上記の目的を達成するためのものでした。

このことは、どんなに強調しても強調しすぎることがないほど重要なことだとわたしは考えています。国民経済にとっては、それは経済が成長したこと以上に重要なことなのです。

他の西欧型先進国も経済成長を続けていましたが、その多くは、国内の貧富格差解消へと向かうことはなかったようです。現在、急成長を続けている中国やインド、ロシア、ブラジルなども貧富格差は拡大傾向にあります。

なぜ、日本において一億総中流に繋がるような所得格差の解消が実現したのでしょうか。

その理由は、日本人の国民性ということもあるのでしょうが、敗戦で徹底的に痛めつけられてすべてを失った日本人が、貧しさを共有するといった互助的な村落共同体の文化を都市部においても保持し続けていたことによるのではないかと思います。

第二章（五五頁参照）でご紹介した、『隣組』の歌などによくその特徴があらわれています。

そして、この互助的な村落共同体の文化を保持したまま、国民経済が拡大してゆくことで、七〇年代後半、八〇年代に、世界でも稀な「一億総中流」という、中間層の充実が現出してくるわけです。

戦後の焦土からはじめられた民主化政策には、GHQの方針が色濃く反映されたことは周知のごとくです。

GHQの表の使命は、日本から覇権的野望を永久に取り去り無害化するということでしたが、裏の使命ともいうべきものがありました。

それは、敗戦でまっさらになった日本にかれらの理想の民主主義を根づかせるということです。

GHQのオフィサーや事務官の多くが、アメリカの理想主義者的なニューディーラーであったことは、日本に貧富の格差を解消させていった大きな理由のひとつでした。

ニューディーラーたちは、日本を理想国家建設の実験場にしたかったのではないかと思えるほど、日本の民主化に力を注ぎました。

保阪正康の『そして官僚は生き残った』（毎日新聞社）の中に、GHQ民生局課長だったチャールズ・L・ケーディスの晩年の言葉が収録されています。

> （ケーディスは）リスポンシブル・ガバメント、すなわち国民にたいして責任ある政府をつくることが自分のいちばんの関心事だったと、私に言いました。リスポンシブル・ガバメントをつくったあとは、間違えるのも間違えないのも「イッツ・アップ・トゥ・ユー」、要するに日本の問題じゃないかと考えていました。彼の理想は、日本の国民自身が自分たちの運命を決めることのできるシステム、政府をつくることだったんじゃないかなと思います[vi]

これは当時、終戦連絡中央事務局の政治部長だった山田久就《ひさなり》の長男である山田久俊《ひさとし》氏が晩年のケーディスから聞いた言葉です。

ケーディスの発言は大変興味深いものです。

ニューディーラーであったケーディスには、国民経済という観念が色濃く反映していただろうと思います。それが、リスポンシブル・ガバメントという言葉に表れています。かれらニューディーラーたちの思惑が実現するためには、日本人の暮らし向きが安定し、経済的にも豊かになる必要がありました。

そうなって、はじめて彼らの占領政策の正しさが証明されるわけです。

『ショック・ドクトリン』(vii)を書いたナオミ・クラインは、グローバリズムの理論的な基礎を作ったシカゴ学派が、真に標的としたのは当時のアメリカに跋扈《ばっこ》していたマルクス主義者や労働組合運動ではなく、ニューディーラーであったと記述しています（同書七三頁）。

ニューディーラーの思想とは、まさにグローバリズムの思想の対極にあるものだったということです。

グローバリズムは、市場をあらゆる政府による干渉や、関税障壁などから解放して、自由な競争に基づく市場の原理のままに運営することが、人間を隷従の道から自由にする唯一の方法であると説きました。

八〇年代のレーガノミクスは、まさにグローバリズムの先駆的な経済政策でしたが、これを激しく批判していたのが、下村治でした。その理由は、下村の目には、アメリカにはすでに拡大均衡の条件が失われていると映ったということもあったでしょうが、それ以上に、国民経済という視点がこのイデオロギーには欠如していると感じていたからではないでしょうか。わたしは、この下村治の直感はまさに正鵠《せいこく》を射るものだったと思っています。

フクシマに見る希望

さて、ここであらためて、原発事故で大きな被害を受けた東北、とりわけ福島県地域の復興に関して、昭和三十年代の日本経済のどの部分が光を与えてくれるとわたしは考えているのかを申し上げなくてはなりません。

それは、もうおわかりでしょうが、フクシマ（この言葉を、福島県ということではなく、この度直接被災した地域全体を象徴する言葉として使いたいのですが）を新たなニューディールのシンボリックな場所にするということです。

この地には、多くの中小零細企業がありましたが、その多くは廃業もしくは操業中止を余儀なくされ、多くのひとびとが失業している現状があります。

失業者が就職先を探そうにも、どこも新規に人を雇う余裕がないというのが現状です。

雇用が回復し、その仕事で生きていくひとびとがあり、そのひとびとがその土地で生きていく。

フクシマの復興とは、そういうことです。

二〇〇四年に、スマトラ沖大地震と大津波がありましたが、インドネシアは津波で大きな被害を受け一〇万人近い死者を出しました。最も大きな被害を受けた、アチェ特別州の州都バンダ・アチェは、それから六年で見事に復興し現在は漁業を中心とした産業と、津波観光といわれる観光事業で震災以前よりも活気のある賑わいを見せています。復興バブルが起きたのです。震災時、中国の支援もあって高台の避難地区に別荘のような住宅を作ったのですが、一時的にそこに避難したひとびとの多くが、再び港湾部へ戻っており、高台の住宅は空き家がめだつようになっています。港湾部にはもともと多くのひとびとが、漁業を中心として暮らしを立てていました。そこには自然発生的にひとびとが集落を形成してゆく歴史的な理由があったのであり、震災後もその理由は生き続けているということでしょう。

フクシマの困難は、単なる自然災害ではなく、そこに原発事故という人災が加わったことであることは言うまでもありません。

バンダ・アチェのように簡単には復興することを許してはくれそうもありません。復興するには、そこで暮らしていける最低の条件が揃っていかなくてはなりません。生命の安全はもちろんですが、暮らしを立てていくための収入の道がなければ、その場に留まることも難しくなります。

しかし、どこを探しても人を雇ってくれるような地場の会社は見つけられない。雇用も含めて、東京から、支援に出ている会社はちらほらとあるようですが。

そのような状況のなかで、食べるために已《や》むなく起業するというひとびとが現れてくるだろうと思います。すでに、そのようなひとびとの幾人かをわたしは存じ上げていますが、そこからちいさくとも、地産地消の新しい経済の流れが形成されることを願っています。

もし、国家が何事かをなしうるとすれば、まずは生命の安全を確保して、原発事故の後始末をすること以外にはありません。そして、工場誘致や、高台の宅地造成、外資誘致といったことではなく、現代のニューディールともいうべき公共投資などによって、この土地で生きていこうとしている産業に、仕事を回せるための支援してゆくことだろうと思います。仕事が回り始めれば、起業するチャンスもまた大きくなります。このような、下からの復興には時間はかかるでしょうが、復興を推し進め、根づかせることができるのは、最終的には、そこで生きているひとびと以外にはないのです。

それは、ハリケーン・カトリーナによって壊滅的な打撃を受けたニューオリンズを、新たなフロンティアと位置づけて、その地を企業の草刈場としたアメリカ的なやり方の対極にあるやり方であり、このふたつのやり方が今後激しく争うことになるだろうと思います。

現地においては、東京や他府県からの産業誘致といった政策が出てくるでしょう。これらを推進するための優遇策も講じられることになると思います。

ただ、長い歴史と、農業や漁業といったヒューマン・スケールで営まれてきた生活と、ヒューマン・スケールで営まれた生活にしか根づくことのない文化をもつこの地域を、大規模産業の実験場として根底から作り変えるといった考え方をすれば、わたしたちは先祖から引き継いできた貴重な財産を失うことになると、わたしは危惧しています。

思い起こさなければならないのは、いまフクシマは貧乏であるということです。もちろん、貧乏とは貶下《へんげ》的な意味ではなく、これから上昇する最も重要な与件を有しているということです。東京でのほほんと暮らしているものが暢気《のんき》なことを言うなといわれるかもしれませんが、それでもわたしはそこに大きな可能性があると信じたいと思います。

第五章　小商いのすすめ

「ひとり親方」だった筆者の父

「経営規模としてはむしろ小なるを望む」。ソニーの創業者井深大が書いた設立趣意書はまさに小商いの精神で貫かれた、小商いマニフェストである。

移行期に起こる国民意識の転換

二〇一〇年の冬に、チュニジアを皮切りに、エジプト、リビアと北アフリカ、中東地域で次々と「民主化革命」が勃発しています。これが、真の民主化革命なのか、それとも部族社会間の争いなのか、あるいは文明の衝突としてのイスラム革命なのか、様々な見方がありますが、世界情勢解読に関してわたしが信頼しているエマニュエル・トッドによれば、現在これらの「後進地域」で起きていることは、歴史的必然ともいえる民主化革命であるということで、わたしもその説に同意しています。[viii]

その理由は、この地域における家族形態や出生率に明らかな変化が見て取れるからです。トッドの説明を聞いてみましょう。

もともと、イスラム世界は伝統的には内婚制共同体家族という家族形態をもっていましたが、ここ数年外婚制比率が上昇してきていました。かつては二五パーセントほどもあった内婚率が九〇年以降一五パーセントにまで減少していたのです。

また、出生率にも明確な変化が現れていました。従来は出生率が三以上で、子沢山を基礎にした父系制社会を形成してきましたが、出生率三を切り始めると（ちなみにチュニジアは二、エジプトは二・九）、男子比率も下がってきて父系制社会を維持することが難しくなってきていました。

こういった、社会構造的変化が、民主化革命を準備したということです。以上がエマニュエル・トッドの説ですが、出生率の低下はなぜ起きたのかということが問題になります。

それについても、わたしはトッド説を援用するのですが、民主化とは、男性の識字率向上、女性の識字率の向上、結婚年齢の上昇、出生率の低下といった順番で進展してゆきます。

では、女性の社会的な地位の変化がなぜ、今、この地域で起きたのかということが次に問題となるでしょう。

ひとつには、今回革命が起きた地域がアラブ、アフリカ地域のなかでも比較的ヨーロッパに近い場所であり、直接的な交易や文化交流がしやすい場所であったということが挙げられるだろうと思います。

それ以上に重要なことは、世界を生産地と消費地に固定化する意図をもつグローバリズムが、皮肉にも世界を均一化する方向に向かわせたということではないかということです。

交易、交流とはまさに、一方通行では終わらない相互性を本質としており、いったん交流が始まれば、格差そのものの存在が平衡へのダイナミックな動きを後押しする結果になります。

それはたとえば、かつては「安かろう悪かろう」の商品生産地であった日本が、輸出の増加によって高度経済成長し、総需要の増大とともに世界の高級産品の消費地になり、やがて行きすぎた消費がもたらす結果として産業が空洞化へ向かうといった動きとして現れるわけです。

かつては世界の富が流入したアメリカが財政、貿易の赤字に苦しみはじめ、代わって中国や、インド、ブラジルといった新興国が富を蓄積しはじめているのも、地域間格差そのものがグローバリズムを誘引し、グローバリズムがその意図に反するかたちで格差を縮める方向に作用した結果だろうと思います。

もちろん、これはグローバリズムが進展すれば、地域間格差、国家間格差が解消されるということを単純に意味しているわけではありません。

民主化に向けてテイクオフできる地域がある一方で、移行期的な混乱状態のなかで一層苛烈な貧困に苦しむ地域が残り続けることになるからです。

これから先、世界がどのように動いていくのかは予断を許しませんが、わたしたちが現在の変化のなかから取り出したいのは、大きな移行期には国民国家という枠組みのなかでそれまでの伝統的な社会構造に変化が起き、同時にそれが国民意識というものを反転させるという現象が起きるということです。

日本において、国民意識の転換は八〇年代の半ばに起きています。

それを準備したのは、たとえば週休二日制の実施であり、労働者派遣の法制化であり、コンビニエンスストアの出現でした（詳細は拙著『移行期的混乱』を参照）。

それらの新しい動きの下絵には、六〇年代の高度経済成長があり、それがひとびとの可処分所得を大幅に増加させ、中産階級の勃興と、個人消費の選択肢の飛躍的拡大がありました。

八〇年代の半ばに次々に起きた近代化、消費化の流れのなかで、勤勉に働き、働いて得た金を貯蓄することが美徳であった日本人の労働エートスといったものが、少しずつ変化し始めました。

戦後の世界の消費地であるアメリカでは、同様の変化はすでに七〇年代末より起きていたわけで、消費大国になったアメリカは貿易赤字に苦しむわけです。

わたしの記憶では、この頃、輸入超過に苦慮していたレーガン政権からの圧力もあって、当時の総理大臣であった中曽根さんが、銀座のデパートで舶来のネクタイを買う場面がテレビに映し出されました。

舶来のネクタイ、つまりブランド品ですが、こういった高級外国製品を買うという贅沢を国家の代表が率先して国民に勧めるということに、わたしは大きな違和感を覚えました。どうやら、このあたりから日本経済も米国経済も迷走しはじめるのですが、なぜそのようなことが起きたのかについては、短期的な観測による分析しかしない政治家や、経済学者からは説明されることはありませんでした。

個人の発見

わたしはこれまで何度か、テクノロジーや文明の進歩は自然過程であると書いてきました。そして、民主主義が発展し、家族が核家族化し、人口増大がどこかで止まるのも自然過程であると思っているのですが、なぜ、それが自然過程なのか。なぜ後戻りすることができないのかを考えてみたいと思います。

これは大変難しく、一筋縄ではいかない問題です。

なぜなら、この問題にアクセスするためには、人類史的な観点が必要であり、近代が形成されるに至る様々な要因を丹念に掘り起こす作業が必要になるからです。

人類学的な知見や古代史について学識があるわけではないわたしにとっては、この問題に対しては、乏しい知識をもとにして、生きてきた経験をメタフィジカルにたどり直す以外にはありません。

これから少し妄想に近いお話にお付き合い願いたいと思います。

レヴィ＝ストロースや、マーシャル・サーリンズといった文化人類学者は、未開社会をつぶさに観察して、そこに西欧の近代的なパラダイムとはまったく異なるパラダイムが存在していること、そしてそれは近代的なものに比して野蛮でも劣っているわけでもないということを発見しました。

ここで、パラダイムというのは、歴史観や、価値観、自然観、時間に対する感覚といったものを指しています。パラダイムの差異とは、たとえば西欧近代というのは文明の発展の歴史であり、経済の拡大の歴史であるのに対して、未開社会においては文明も、経済も定常状態であり、人間は自然が与えてくれる贈与によって生かされている存在であったということです。

太陽からの光や熱、食料に変わりうる山川の生きもの、田畑に降りそそぐ雨といった自然の贈与の中で生きている古代の人間や未開社会のひとびとにとっては、「個人」という単位は問題にはなりませんでした。人間はそこでは他の動植物がそうであるように、ひとつの種であり、種族あるいは部族・氏族といった原始共同体が存続してゆけることが一義的なテーマでした。

そこでは、生と死すらも明瞭には分割されてはおらず、死者もまたこの原始共同体の世界を構成する重要な要素だったわけです。

家族という単位が、上記の原始共同体のなかからどのようなかたちで発生し、どのように分化していったのかについては、古代史の霧の中に霞んでいます。あるいは多くの研究があるのかもしれませんが、わたしは浅学にしてそれらの知見を拾い出すことができません。しかし、ここで必要なのはその起源の研究ではなく、家族という共同体の最小単位が、どのような意味と役割を担っていたのかということです。つまり近代以降、家族という共同体の最小単位がなぜ核家族化していったのかということを考察することです。

家族の形態は、地球上に多様なかたちで分散していたことが、最近の研究でわかってきましたが(ix)、それがどのような形態であれ、そもそも家族を形成するということは、人間が様々な自然の脅威から種を守っていくための生存戦略上の理由があったのではないかと考えられます。

ライオンがプライドという家族単位をつくったり、シマウマが群れをつくったりするのと同じ理由です。つまり、リスクを最小化する戦略ということです。

これらの生存戦略は、頭脳の中で考え出されたものというよりは、生物が意識とは別のレベルで保持している本能が生み出した戦略というべきでしょう。

生きるリスクを最小化するには、別な方法もあります。

それは、自然の脅威をコントロールするという科学技術の進歩の歴史のなかに見てとれます。

近代以降の人間の進歩の歴史とは、自然の脅威をコントロールすること、人間の持つ可能性を自然人の有する枠組みの外延まで引き伸ばすことであったと言えるだろうと思います。

石炭や、石油を燃やして環境温度を一定に保つこと。電気の力を借りて、太陽が没しても明るい状態を確保すること。人間の脚では不可能だった、遠距離へ高速で人間を運ぶこと。

それらはすべて、人間を取り囲む自然を人間に合わせて改鋳《かいちゅう》すること、自然そのものである人間に、自然が与えた以上の能力を付加することへの挑戦でした。

そして、ある程度自然の脅威をコントロールできたとき、あるいはそう錯覚できたときに、人間はもともともっていた種としての生存戦略（リスクヘッジ）を解除する方へ歩み出したのではないか。

わたしは、この生存戦略の解除によって生まれたものが、「個人」あるいは「個」というもの、「自分」というものの発見ではなかったかと思っています。

もちろん、上記はわたしの想像でしかありません。

それは実験して再現したり、数値化したりして確認することができるようなことではありませんし、歴史の中から確かな根拠を探り出すこともできそうにありません。

個人の権利や、人権という概念が確立してくるのは、国家と個人の関係が対比的に思考されるようになるホッブスやジョン・ロックの時代（十七世紀）になってからのことです。

わたしがここで言いたいことは、「個」というものの発見が、文明史のなかの非常に大きな分岐点であり、いったん発見された「個」は、その完成形態を求めて後戻りできないところまで進むだろうということです。

「個」というものが発見された瞬間に、それまでは生存戦略上必要であった血縁や地縁、家族、国家といったものと激しく衝突し、それが歴史を動かす動力になっていきます。

この歴史的事実は、ひとりの人間の一生の中でも同じような帰趨《きすう》を辿っていくことになります。

「個」に覚醒したひとりの人間にとって、家族という最小単位の共同体が最初の手枷《てかせ》であり、足枷となります。

実際のところ、わたしは自分の出自である「家族」も「地縁共同体」も、嫌でたまりませんでした。一刻も早く、そこから抜け出して、もっと自由な世界で思い通りの生活に就きたいと思い続けていました。

もちろん、それは自らの出自に対する単なる憎悪ではありません。

それだったらさっさと、家を出て見知らぬ土地へ移動していただろうと思います。

そこには、憎悪と同時に、同じぐらい強い愛着があったはずです。

さて、「個」をめぐるわたしの妄想にお付き合いいただいてきましたが、ここからがこの章の本題です。

戦後の日本の歴史を振り返ると、わたしにはそれが、「家族」的なものが「個」へと解体してゆく歴史ではなかったかと思えるのです。

歴史的に見れば、長子相続で、権威主義的な直系家族であった日本の家族は、戦後民主主義の進展のなかで、次第に核家族化していきました。

昭和三十年代が、家族の絆が生きていたノスタルジーとして語られますが、逆に言えばそれはオリンピックを挟んで近代化が始まり、以後急速に家族が解体してゆく前の、最後の家族の光景であったということです。

茶の間の団欒があり、家族で一緒に見るテレビ番組があり、父親の威厳が保たれているような家という単位が、社会全般の秩序の基底になっていたわけです。

わたしの家で起きたことは、町内会の他の家でも起きていたことであり、町内会で起きていたことは、日本全国で起きていたことでした。

だから、家の中の価値観や、倫理は、明文化しなくとも日本全体に浸透し、それが社会を安定的に運営する秩序を形成していました。

五〇年代の中ごろからはじまる高度経済成長は、家庭に電化製品を急速に普及させることになります。一億総中流といわれるぶあつい中間層が形成される七〇年代、八〇年代には可処分所得の増加分が、レジャーや教育に回り、塾通いのこどもは、以前の川の字で家族で寝ていた部屋を出て、ベッドのあるこども部屋に移ります。そして、そこには、かつて家庭の団欒の象徴であったテレビが、いまは個人用のツールとして設置されるようになっていたのです。

こうした核家族化に続いて、週休二日制や、派遣労働法が制定され、余暇をどのように過ごすかということがひとびとにとっての関心事になり、同時に自由な働き方ということが喧伝《けんでん》されるようになっていきました。

一方、会社の側もかつての家制度の名残のような終身雇用の大家族経営から、契約主体の近代経営へとかたちを変えていくことになっていきました。

個人も会社も、互助的な共同体意識が薄れて、自己決定、自己責任というような価値観が支配的になっていきました。

それは、先ほど述べてきた「個」が発見され、その完成形態まで後戻りすることなく続いていくということが、そのまま現実の世界のなかで起きていることを示しています。

遅れてきたものの責任

家族や、地縁共同体が解体されて、ひとりひとりが自己決定、自己責任で生きる時代は、消費資本主義を推し進めそこから利益を得るものたちの目的に合致したというわけですが、同時にそれはわたしたちひとりひとりが、「個」を発見し、それをどこまでも推し進めようとしてきた結果でもあるということでした。

それこそが、民主主義というものの進展の結果であり、その意味では歴史的な必然ともいうべきことであったといえるでしょう。そして、その帰結として政府の干渉を排除するグローバリズムが受け入れられ、貧富の格差、都市と農村の格差が広がっていったのだとすれば、それは民主主義の必然であり、わたしたちが望んだ結果でもあったということです。自己責任、自己決定、そして自己実現というグローバリズムが推奨した個人倫理は、まさに地球がまだ誰にも支配されていなかったグローバルな弱肉強食の世界を生き抜く個人倫理でもありました。それはまた、個人の権利の一部を共同体に譲渡するところから始まる近代というものが、個を発見することで、再び弱肉強食の世界を呼び寄せるという歴史の皮肉のようでもあります。

民主主義がグローバリズムを生んだのですが、グローバリズムが民主主義を滅ぼそうとしている光景に、わたしたちは立ち会っているといえるのかもしれません。

別の言い方をするなら、資本主義的な社会システムが、産業資本主義から、消費資本主義、金融資本主義といったように変化してきて、その最終的な形態へ至ったということです。

資本主義とはそもそも経済成長を前提としたシステムであり、その最も成熟した西欧型先進国家において、総需要が減退し、経済成長がもはやできない状態になりつつあることは、まさにこのことを示しています。

このプロセスを後押ししたのは、各国の為政者《いせいしゃ》の思惑や、大資本家や企業の果てしない成長の欲望であるのは言うまでもありませんが、同時にわたしたち自身が自由と快適な生活を求めてきた結果でもあったということです。

経済成長ができなくなった社会とは、わたしたちが求めてきたものの結果であるということを勘定に入れて考えてみる必要があります。

行き詰まった資本主義経済に、解決を見出そうと思考するとき、わたしたちは、そのことを勘定に入れておかなくてはならないということです。
では、わたしたちは、この「ろくでもない現在」にどのような立ち位置を取りうるのでしょうか。

昔の生活には充足感と人間的幸せがあった。それならそこへ戻ればいいといわれるかもしれません。事実、文明を捨てて山籠《やまごも》りしたり、田舎へ引っ込んで自給自足に近い生活に入っていく人もいます。わたしは、そういった人たちの潔い決断と勇気には大いに敬意を表したいと思います。わたしにも、もしそれができるのなら、海の見える丘の上に丸木小屋でも作って、裏庭に自給自足のための畑でも耕しながら余生を送りたいという気持ちがなくはありません。けれども、わたしはそのようなことはしないだろうと思います。自給自足の生活には、やわな都会人の想像を絶する困難があるからという理由によるのではありません。

もちろんそれもまったくないわけではありませんが、もっと本質的な理由があるのです。ここでは、その理由（これはちょっと難物ですが）をご説明したいと思います。
端的に言って、わたしは、薄汚れた空気のなかで、満員電車に揺られ、会社に着き、仲間と仕事をし、同じ都会の片隅で老父を養うといった生活も悪くはないと思っているのです。

でも、そんな単純な理由で、わたしが昔の日本の田舎の中に戻っていきたいとは思わない理由を説明できるとは思いません。

もっと、自分に対して納得のいく説明が欲しい。

もし田園生活に就いたかれらが、人間すべからく現代の文明を捨てて田園に帰すべきであると言い出したなら、わたしは大きな違和感を感じることになるでしょう。

この違和感は、わたしがスローフードとか、反捕鯨運動とか、マイ箸運動とか、エコロジー運動とかに感じる違和感とほとんど同じだといってもよいと思います。

ある種のひとびとは、なぜ都会の便利な生活を捨てて、山籠りしたり、荒れ野を耕したりするのかというところから考えたいと思います。

総じてそれらの生活「革命」の根底にあるのは、現代の文明に対する反発、批判、嫌悪といったものだろうと思います。なぜ、現代の文明に対して、そのような感情を抱くのかは容易に想像がつきます。

それらは、現代の文明というものが、どこかで必ず自然の摂理に反するものにならざるをえないというところからくるのだろうと思います。

いや、それ以上に現代人というものが総じて文明病とでもいうべき病にかかっていると いう自覚が、鋭敏なひとびとを山籠りや田園の生活へと向かわせるのでしょう。

文明病とは、ひとくちでいえば、人間が本来の野生を失い、金銭的欲望と利便性への誘惑に支配されてしまうことです。

失うものは野生だけではありません。

家族を営む大切さ、友人と語り合う楽しさ、山野で自然と一体化するときの喜び、助け合いや譲り合いといった相互扶助の美徳などなど、これぞ人間的な生き方と思われるような様々な要素が、文明によって希薄化され、別のものに変化させられている。

その中心にあるのが商品経済で、このシステムはいったん起動してしまえば、人間の生活のすべての局面に浸透し、あらゆるものや、行為や、自然までもが商品化されてしまいます。

文明化された現在の社会は、まさにその商品がつくりあげたシステムであり、最終的には人間までもが商品のように価値付けられ、取引されるのではないかという恐怖がありま す。

事実、労働市場では、労働力というもの（もちろんそれは、人間そのものであるわけですが）が価値付けられ、正札をつけられ、取引の対象となっているわけです。

つまり、わたしたちが、生きている「いま・ここ」を特徴付ける中核的なシステムが「商品交換」であり、食料や衣服の調達において、欲望の充足手段において、人間関係全般から国家間の取引においてまで、「商品交換」の論理が貫徹されているということです。

商品交換に目覚めた社会というものは、その交換を拡大する方向へ不可逆的に動くという性向を持っています。つまり、交換の速度を速め、交換の場を広め、交換の量を拡大してゆくように社会が進んでいく。このことは、どんな理屈も、どんな権力も止めることができない。

どうしてなのかを説明することはほとんど不可能というしかありません。

「商品交換」には、成長や拡大といった性向がもともと埋め込まれているというほかはありません。

いいや、成長や拡大を求める人間の性向が、「商品交換」を発見したといったほうがよいかもしれません。

車や、高速道路は、人間の移動領域を一挙に拡大し、商品流通の速度を速め、交換様式を飛躍的に拡大していくための発明でした。インターネットも、もともとは軍事的な目的をもっていましたが、コミュニケーションを一挙に、無時間で拡大できるとわかったときにまたたくまに商用化されていきました。これらの文明の「利器」は、「商品交換」という概念がなければおそらくこれほど急速に進展することはなかっただろうと思われます。

人類学は、未開社会とモダンな社会を分ける鍵のひとつが、「商品交換」であると教えています。

部族的な贈与返礼という交換の社会から、「商品交換」への転換はまさに革命的な飛躍であったわけです。

「商品交換」というシステムは、いったん生まれてしまえば、その規模を膨らむ限界まで膨らませてついには、地球規模の商品交換社会を出現させるところまで続きます。別の言葉で言えば、グローバリゼーションということです。

さて、なぜわたしが現代文明に背を向けて、山野に庵《いおり》を結ぶような生活に就かないのか、なぜエコロジー運動や、スローフードや、反捕鯨運動といったものに違和感を持つのかということに話を戻しましょう。

その理由は、ちょっと複雑な思考回路から来ています。

ひねくれモノの考えに近いといってもよいかもしれません。

まず、わたしが商品経済を中核システムとする「いま・ここ」に生まれたこと、そこで生きていることは、偶然でありそのことに対してはなんの責任も無いというところが出発点です。

大田区の外れという都市の場末に生まれ、そこで育ったことも偶然であり、わたしにはどんな責任もありませんし、責任を問われても償うことはできません。

同時に、わたしたちの誰もが、商品経済の進展に対しては加担者であり、その商品経済というシステムが膨張してやがては、地球規模にまで蔓延《まんえん》していること、そのプロセスの中で様々な欲望が人間性を毀損《きそん》し、自然を破壊していることに対しても、どこかでわたしたちは加担者であるわけです。

しかし、それらもまた商品経済自体が持つ自律的な自然過程なのであり、だれもそれを押しとどめることをしませんでしたし、しようとしてもできなかっただろうと思います。

商品経済というものにも、わたしたちは責任が無いといわなければならない。

わたしは、自分たちが作り上げた現在に対しては、責任を問われることが無いし、実際的にも責任があるとはいえないだろうと思います。

それでもなお、わたしたちが「いま・ここ」で生きることに誇りをもつことができるのか、あるいは、「いま・ここ」に対して愛情をもつことができるのかと自分に問うたとき、わたしはイエスですと答えたいと思います。

ただし、それにはひとつだけ条件があります。

その条件とは、本来責任がない「いま・ここ」に対して、責任を持つということです。

わたしたちは、本来自分に責任がないことに対して、責任を持つというかたちでしか、遅れて生まれてきたこと、そして「いま・ここ」にあることを自らの必然に変えることはできない。

そう、わたしは思っています。

「いま・ここ」に責任を持つ生き方

ようやく、本題の「小商い」について語る立ち位置にたどり着きました。

小商いとは何か。

小商いとは、「いま・ここ」にある自分に関して、責任を持つ生き方だということです。

それは、グローバリストが言うところの自己責任ではないのか？　とおっしゃる方もいらっしゃるでしょう。

でも、ちょっと待ってください。

自己責任論とは、たとえば株式の購入などでどんなに損失を出したとしてもそれは、自分で行ったことであり、そもそも株式会社とは出資の範囲で有限責任を取る、逆に言えば、その範囲までしか責任は追及されないということです。

その有限責任すら負わない株主（東電の株主ですね）に対して、日本で唯一といってよい株式会社研究家の奥村宏さんは激しく糾弾していました。

わたしは、奥村さんならではの論述であったと思います（※）。

それはともかく、自己責任論は、自己決定、自己実現といった概念とセットで流布されたものです。

そのおおもとになっている思想は、経済活動において政府も自治体も一切介入すべきではない、すべては市場の原理によって適切に調整されるのであるという新自由主義イデオロギーから導かれたものです。

わたしがここで言っているのは、そのような自己責任とは思想的にも位相的にもまったく異なるものです。正反対と言ってもいいと思います。

それは、本来自分には責任のない「いま・ここ」に対して責任を持つということだからです。

合理主義的に考えれば、不合理極まりない損な役回りを演ずることになります。

しかし、人間が集団で生きていくためには、誰かがその役回りを引き受ける必要がある。たとえば、昭和の時代に、世の親たちは、自分のこどもだけではなく、自分たちの責任ではない近隣のこどもたちに責任をもっていました。

無償の地域活動をしているひとびとも同じです。

村上春樹さんがいう「雪かき仕事」も同じ(『ダンス・ダンス・ダンス(上)』で「僕」は、誰にも感謝されず誰もやりたがらないが、誰かがやらねばならない仕事を「文化的雪かき」と形容した)。

そういった合理主義的には損な役回りをする人があって、はじめて地域という「場」に血が通い、共同体が息を吹き返すことができる。

なぜなら、この損な役回りに対して、それを自分が引き受けなかったひとびとは何らかの返礼をしなければならないと感じるからです。

別に感じなくてもよいのですが、誰かがしなければならないことを自分の代わりにしてもらえばちょっとしたうしろめたさや、感謝を感じるものです。マルセル・モースは、それをマナという言葉で説明していました。この何かを返さなければならない、退蔵してはならないという感情は時代や地域を超えた人類学的、民俗学的なものであるようです。マルセル・モースだけでなく、マリノフスキーも、レヴィ＝ストロースも、宮本常一《つねいち》もそのような事象をたくさん拾い集めています。

とにかく、誰かが最初に贈与的な行為をすることでしか共同体は起動していかない。合理主義的には損な役回りといいましたが、ほんとうはそうとばかりはいえないだろうとわたしは思っています。

なぜなら、責任がないことに責任を持つときに、はじめて「いま・ここ」に生きていることの意味が生まれてくるからです。

自分が「いま・ここ」にいるという偶然を、必然に変えることができる。

責任がないことに、責任を持つとは、言葉を換えればリターンを期待しない贈与ということです。

では、リターンを期待しない贈与ができるのは誰なのか。

それは「親」であるおとなだけです。

いや、正確に言えば、リターンを期待しない贈与をすることで、おとなになるのです。

喩えは悪いですが、犬や猫がしつけを覚えるのは、見返りの餌があってできることであり、人間のこどもも当初は、ご褒美や、叱責《しっせき》からの回避と引き換えに礼儀や作法を覚えていきます。

それに対して母親がこどもに与える愛情は、見返りを期待しない一方的な贈与です。

一方的な贈与である「授乳」を行うことで、母親は初めて自分が母親であること、責任のあるおとなであることを実感することができる。

そして、この贈与が一方的なものであるからこそ、こどもは母親に対していつか等価交換とは別のかたちで返礼したいと思うわけです。成長とはまさに、親の贈与に対するかたちを変えた返礼なのだといってもよいだろうと思います。

こどもは、母親が与えた栄養以上に成長していきます。

昭和三十年代の「ひとり親方」たちは、地方から次男坊や三男坊を従業員として受け入れてきました。

親御さんに対して「わたしが責任を持ってお預かりいたします」と言って。

そして、住み込みで働くかれらに対して、自分のこどものように接してきました。

昭和の時代の社長がしばしば「おやじ」と形容されたのは、こういった事情によるものです。

ひとり親方たちは、自分が責任のない他人のこどもの親になることで、社長になっていったのです。

こどもである従業員たちは、労働者として成長することで「おやじ」が注いだ愛情に報いていきました。こうして、日本中に熟練工が生まれていきました。

それがもたらした経済効果は計り知れないものがあったと思います。

商品経済の用語で説明するならば、投資に対して、その投資額以上の需要が生まれるという乗数効果のようなものです（野暮ですね、この説明）。

縮小均衡の時代

商品経済においては、この乗数効果が持続的に起きることを拡大均衡と呼びます。

ところで、いま、日本で起きていることは、この拡大均衡と反対のことです。

設備投資すればするほど、在庫が溜まる。

出版社は、かつてに比べて驚くほど大量の出版物を流通させていますが、それが需要を拡大するよりは、むしろ総需要を減退させて返品の山をつくっています。

廉価な労働力を求めて、世界中に広がった生産工場では、日々大量の商品が生産されていますが、同時に大量の廃棄物が溢れ、デフレ現象が起きています。

廉価でクリーンなエネルギーを生み出すはずだった原子力発電所は、地震と津波によって破壊され、想像もできないようなコストがそこに潜んでいたことを明らかにしてしまいました。

もはや、拡大均衡の時代は終焉《しゅうえん》を迎えたというべきです。

本書で言及している、高度経済成長を主導した下村治は、一九八〇年代の中ごろに、すでに日本には拡大均衡する条件が失われており、縮小均衡をめざすべきだと何度も警告していました。

わたしの推測ですが、下村さんは統計数字を見て拡大均衡論を作り上げたのではない。むしろ反対に、拡大均衡する国民国家というものを骨身に染みて実感することができたので、拡大均衡を確信して統計数字を集めはじめた。

かれが、縮小均衡と言い出したのも同じ理由です。

身の回りに起きていること、日本という国家のなかで起きていること、アメリカという隣国で起きていることが、もはや拡大均衡が終わったことを告げていると実感し、確信したがゆえに、さまざまな統計数字を使ってその理路を説明したのだと思います。

ところが現在でも、多くの政治家や、経済人は拡大均衡の夢を追っています。

不思議なことに縮小均衡を唱えるエコノミストや、ビジネスマンはほとんどいません。

それでもわたしは、これからの日本が威信を持って生き延びていくには、この国の経済を縮小均衡させていくしかないと思っています。

その理由は、本文中でもしばしば触れていますが、人口減少フェーズに入った日本は、拡大均衡のための最も重要な条件をすでに喪失していると思うからです。

現実にも、リーマン・ショック以後の日本はゼロ成長、実質的にはマイナス成長が続いています。

そんなことはないというエコノミストがいるでしょうが、現実に収入は先細っており、家計は苦しくなっています。

それを救っているのは、消費者物価もまた下がり続けているからです。

もう現実は、縮小均衡へ向かっているのです。

政府の経済成長アナウンスとはうらはらに、すでに日本の市場には縮小しながら徐々に均衡していこうとしている。

人口減少はその最初の顕れでした。

拡大均衡の最終的な段落に入った西欧型先進国は、消費者の欲望をきめ細かく分断してゆくことで延命してきました。

需要が常に右肩上がりで上がり続けるためには、大勢でひとつ必要だった商品を、ひとり一個にする必要がありました。さらに、ひとり一個だったものを、ひとりが複数の同じような商品を抱え込むところまで、消費者の欲望は細分化していったわけです。

洋服ダンスには、同じようなシャツが何枚も並び、冷蔵庫の中には不必要なまでに食料品が詰め込まれる時代になりました。もうこれ以上欲望を細分化できないところまできたときに、経済成長論者たちは、世界中を見回してまだ細分化できる余地のあるブルーオーシャンを探しに出たというわけです。

しかし、もはやこの地球上にそのような場所はあまり残ってはいません。

あたりまえです。永遠に成長し続けるというのは、心的空間の中でのみ可能な欲望の見る夢でしかないからです。

そろそろこの夢から覚める必要があると、わたしは考えています。

そして、このような時代に、日本人が採用すべき生き方の基本は、縮小しながらバランスする生き方以外にはありません。

だから、小商いなのです。

再び、小商いの時代へ

端的に、小商いは、存続し続けることが、拡大することに優先するような商いのことです。

それには、金銭至上主義的な考え方から、別の価値指標による生き方へと転換する必要があります。

小商いの効用を知るためには、小商いの時代を見つめ直す必要があります。

もちろん、わたしたちは物理的にも現実的にもその時代へ一挙に戻ることはできません。

ただ、その時代を動かしていた原理を取り出してきて、その原理がどのようなものであったかを点検し、それを現代の時間の中で稼働しうるかどうかを確かめればよい。

本書の第二章には、小商いの時代が点綴《てんてい》されています。

しかし、それはただ、当時の空気を再構成したにすぎません。

ヴィンテージ・カーみたいなもので、強烈な郷愁を誘いますが、エンジンがかかるかどうかわからない状態です。

実際にエンジンをかけ、人が乗って走り出さなければそれはただの飾りにすぎません。

誰かがエンジンを再点検し、オイルを補給し、動かしてみなければ永久に飾りでしかない。

こんな比喩を用いたのは、わたしの友人で自動車の部品製造の会社を営む男が、自社の納入先の過去の全車種を収集し、エンジンがかかるように整備し、実際に走らせるところまで手を入れて、非公開の博物館にしているのを知っているからです。

かれの会社こそ、小商いのもっとも成功した具体的な事例です。

大田区の「ひとり親方」から出発した会社は、創業者である父親が亡くなってかれが引き継ぎました。

現在では、従業員数百名になり、国内の自動車メーカー各社や、ダイムラー・クライスラーをはじめとする海外の有数の自動車会社が直接かれの会社と取引しています。年商も大きくなり、業界ではすでに有名になっているこの会社はもはや小商いとは呼べないかもしれません。

しかし、ダイムラー・クライスラーなどの会社がどうしても欲しい部品は、この会社の、まさに小商い的な技術の積み重ねの上でしか作りえないものなのです。

この会社には、定年がありません。実際にはあるのかもしれませんが、本人が残りたいといえば働けるだけ働けるポジションと仕事が与えられています。

経験を積んだものにしか伝えられない暗黙知というものを伝承させることの大切さを知る経営者の方針によるものです。この会社の中には、定年を過ぎた熟練工が、若い労働者に身をもってその技術を教えるための塾まで設置されています。そして、その塾を通じて技術がひとからひとへと伝承される仕組みを作り上げています。

すでに、「まえがき」で述べていますが、わたしのいう小商いとは、ビジネスの規模のことではありません。

その事業のやり方、社員ひとりひとりが作り出すチームワーク、会社が向いている方向、経営者の信念が小商い的なヒューマン・スケールを軸に組み立てられているということなどのたとえなのです。

製品のひとつひとつを大切に誠意を込めて作り出す生産ライン。

それらを顧客に届けて、信頼と満足をフィードバックさせるシステム。

拡大よりは継続を、短期的な利益よりは現場のひとりひとりが労働の意味や喜びを噛み締めることのできる職場をつくること。それが生きる誇りに繋がること。ちいさな革命が労働の現場で日々起きているような会社。

この会社のスローガンは、「知恵と五感のものづくり」というもので、それが工場全体に見事に表現されています。

わたしの友人である社長は、メディアなどに取り上げられることをなるべく控えている様子なのですが、ここでそっと読者の方にだけ教えたいと思います。京浜精密工業株式会社という会社です。

日本には、こういう会社がまだまだたくさん生き続けています。

井深大の「小商い宣言」

最近はあまり顧みられなくなりましたが、ソニーの創業者井深大《いぶかまさる》が書いた設立趣意書はまさに小商いの精神で貫かれた、小商いマニフェストのようなものです。

有名なものですが、あらためて読んでみて身の震える思いがするのはわたしだけではないと思います。

すべてを引用したいところですが、その前文の一部と、経営方針の一部を引用してみます。

まずは、前文。

> 戦時中、私が在任していた日本測定器株式会社において、私と共に新兵器の試作、製作に文字通り寝食を忘れて努力した技術者数名を中心に、真面目な実践力に富んでいる約20名の人たちが、終戦により日本測定器が解散すると同時に集まって、東京通信研究所という名称で、通信機器の研究・製作を開始した。
>
> これは、技術者たちが技術することに深い喜びを感じ、その社会的使命を自覚して思いきり働ける安定した職場をこしらえるのが第一の目的であった。戦時中、すべての悪条件のもとに、これらの人たちが孜々《しし》として使命達成に努め、大いなる意義と興味を有する技術的主題に対して、驚くべき情熱と能力を発揮することを実地に経験

し、また何がこれらの真剣なる気持を鈍らすものであるかということをつまびらかに知ることができた。

それで、これらの人たちが真に人格的に結合し、堅き協同精神をもって、思う存分、技術・能力を発揮できるような状態に置くことができたら、たとえその人員はわずかで、その施設は乏しくとも、その運営はいかに楽しきものであり、その成果はいかに大であるかを考え、この理想を実現できる構想を種々心の中に描いてきた。

そして、経営方針です。

一、不当なる儲け主義を廃し、あくまで内容の充実、実質的な活動に重点を置き、いたずらに規模の大を追わず

一、経営規模としては、むしろ小なるを望み、大経営企業の大経営なるがために進み得ざる分野に、技術の進路と経営活動を期する

（『東京通信工業設立趣意書』井深大 起草 より）

この設立趣意書は、昭和二十一年、つまり終戦の翌年に現在のソニー、当時は東京通信工業の創業者のひとりである井深大によって起草されました。

本書の第二章で、昭和三十年代に大田区や、墨田区を中心に、ひとり親方が続々と登場したと述べてきましたが、そのほとんどがこの井深さんの気持ちを引き継いだものだったのではないでしょうか。

かれは、はっきりと書いています。

「経営規模としてはむしろ小なるを望む」と。

まさに、小商い宣言です。このような精神が、戦後の日本のものづくりの現場には横溢《おういつ》していたと思うと、なんだかうれしくなります。

そして、先のわたしの友人もまた、井深さんのものづくりの精神を現在まで受け継いできた経営者のひとりなのです。

評論家のなかには、すでに時代遅れとなったものづくりなどに拘泥《こうでい》していては、日本の産業は先細りするだけだ。非効率な会社は潰したほうがいいなどという暴言を吐くひとがいますが、とんでもないお門違いだとわたしは思います。

どのようなビジネスも、日々積み重ねてきた努力や技術の集積の上にしか花ひらくことはありません。

下村治が日本は縮小均衡へ向かうべきだといった時代は、アメリカでレーガノミクスという経済拡大政策が採用された時代でした。それは世界が市場原理主義的な経済競争の舞台として再編されていくことを意味していたともいえます。以後、雇用や格差の是正といった国民経済よりも、企業が利益を確保できる条件を作り出すことで経済を浮揚させることが優先される風潮が瀰漫《びまん》していきます。

日本においても、多くの伝統的な企業が本業よりも、株価を維持するための財テクに奔走したことは記憶に留めておくべきでしょう。ソニーという会社も、この頃より徐々に変質していった観があります。九〇年代の終わり、出井伸之社長のときに、時価総額経営というようなことを述べているのを新聞で読んだことがあります。時価総額経営とはまさに、株主に顔を向けた経営であり、かつてはいたずらに利益を追わずと言ったソニーも短期的な利益至上主義、時価総額を最大化することを目的とした企業になっていったということでもありました。

ソニーひとりを責めるのはフェアではありません。当時はほとんどすべての日本企業が、時価総額を最大化することを経営の柱にしていたのです。

コンプライアンスや、情報開示といったそれ自体は重要なふるまいも、それが株価に一喜一憂する株主にのみ向けられたのでは、向いている方向が違うとしか思えなくなります。

IR（インベスターリレーション）は、株式会社である以上大切なことですが、もっと大切なことは企業のフルメンバーが顧客に向けて価値を送り届けるということであり、リソースもまたそこにこそ集中させるべきだとわたしは思います。

本書の執筆をわたしに勧めてくれたミシマ社という出版社もまた典型的な小商いの会社です。最近その会社の創業社長である三島邦弘さんが本を出版しました。『計画と無計画のあいだ』（河出書房新社）という本には、小商いのエッセンスがぎっしりと詰め込まれています。この出版社が特徴的なのは（すべての面で特徴的なのですが）、日販やトーハンといった取次店を通さずに、直接書店という読者に最も近いところへ配本しているというところです。

本書もまた、直接全国の書店へ届けられることになるはずです。

本を作るのは本が好きで好きでたまらないスタッフたちであり、本を売るのはよい本をひとりでも多くの読者に届けたいと思っている書店とそのネットワークです。

本という商品を、利潤獲得の道具として大量生産し、日販やトーハンといった独占的な流通システムから、スーパーへ卸されるタマゴや野菜のように書店へと届けられるという当今の出版流通システムへのアンチテーゼを鮮やかに提示したのが、このミシマ社という不思議な出版社の魅力なのでしょう。

そこにあるのは、経営者や株主目線のビジネスではなく、読者目線、書店という小商いの目線で、それらをこつこつと、ジミチにネットワークしてゆくという姿勢です。

わたしは、本書がそのような出版社から出版されるということをうれしく思っています。

そこには、わたしの嫌いな言葉である金銭的なウイン・ウインの関係はないかもしれませんが、精神的なウイン・ウインの関係は確かに存在しています。

経世済民の意味するもの

さて、そろそろ最終コーナーにさしかかりました。

「小商いのすすめ」と題したこの本で、わたしが本当に言いたかったことは、起業のスタイルについてでもなければ、事業の規模のことでもありません。

ひとことで言えば、それは人間の社会は、どこまでいってもそこに生きる人間がつくるものであり、人間が本当に必要としているものもまた、それが何であるかを知っている人間にしかつくれないということです。

小商いとは、自分が売りたい商品を、売りたい人に届けたいという送り手と受け手を直接的につないでいけるビジネスという名の交通であり、この直接性とは無縁の株主や、巨大な流通システムの影響を最小化できるやり方です。

当然のことながら、そこに大きな利潤が生まれることはありません。

しかし、小商いであるがゆえに、それほど大きな利潤というものも必要とはしていない。

何よりも、送り手と受け手の関係が長期にわたって継続してゆくことで、送り手は自分が行っていることが意味のあることであり、社会に必要とされているのだと実感することができることが重要なのです。

テクノロジーも、お金も、どんなにそれらを積み重ねても人間を代替することができない。

グローバリズムという考え方が全盛ですが、生きている人間はどこまでいってもローカルな存在でしかありません。

誰もが、偶然に「いま・ここ」に生まれてきて、そこで育ってきたのです。

儲け話があるからといって、自分が生まれた土地を捨てて別の場所に移動することも可能かもしれませんが、それでは「いま・ここ」に生まれた偶然を、かれらの必然に変えることはできません。

かれらは、利潤を吸いあげるフロンティアを求めて、世界中を放浪するかもしれません。生まれた土地から離れて利潤獲得競争をすれば、そこで流通している共通言語は、貨幣しかありません。貨幣の持つ無縁性が、共通言語としての力を発揮するからです。貨幣だけが、グローバルな世界の商品交換を媒介する言語となります。

一方、ローカルな世界では、人間と人間の関係、人間と土地の関係が優先され、貨幣はそれらを取り持つ限定的な機能でしかありません。

ローカルな土地の基盤を整備したり、困窮して行き場のなくなったひとびとに路銀を与えたりするときは、因習や関係性とは無縁の貨幣が重要な役割を果たすことができる。

経済というものの本来の立ち位置はここにあったはずです。

経済とは、お金儲けのことではないし、ましてや自分の欲望を満たすためのツールでもありません。

経世済民《けいせいさいみん》。

それが意味するものとは、「いま・ここ」に生きるひとびとが、生きていくことができるための術《すべ》であるということです。

さて、わたしは、日本という国民国家のメンバーとして、自らの意思とは無関係に「いま・ここ」に偶然に産み落とされました。わたしは、「いま・ここ」に対してなんの責任も負っていない。

それでも、わたしは責任のない「いま・ここ」に責任を持ちたいと思っています。そうすることでしか、わたしの偶然を必然にすることができないからです。

わたしがひとつの時代に生きていたという確かな証《あかし》は、わたしが自分の偶然を必然に変えたのだというところに生まれるものだとわたしは思っています。

別に、感傷的になっているわけでもなければ、哲学的なことを申し上げたいわけでもありません。そのように考えた方が面白いという直感を述べているにすぎません。

本書でくだくだと書いてきたことは、この直感に形式を与えたいという理由によるものです。

わたしが言いたかったことを繰り返せば、人間はときに、いや、しばしばろくでもないことをしでかす愚かな生きものであり、自分がなにものであるかについてさえよく知らない不合理極まりない動物ですが、その動物が生きていけるのは人間が作り上げた社会の中だけだということです。

目印としての小商い

二〇一一年は、わたしたちが戦後生きてきて、最悪の年でした。この戦後最悪の、ろくでもない年は、どこかでわたしたちが加担しながら作り上げてきた年でもあります。

しかし、わたしはこの年に読者のみなさんとともに経験したことを、無かったことにしたくはありません。無かったことにしたくとも、それだけはできない相談です。多くの死者が出て、たくさんの企業が倒産し、いまなお家や家族を失ったひとびとが途方に暮れているのです。

そのうえ、福島の原発は今後もずっと放射能を発散し続けることになります。どう考えてもろくでもない年ですが、もしこの年が後世のひとびとにとってひとつの目印のようなものになるなら、この年にも意味があったのだと思えるかもしれません。

わたしは、そう願いながら本書を執筆してきました。

ひとつの目印をつけたいと思ったのです。

たとえば、その目印が「小商い復活の年」の道標のようなものになればこんなにうれしいことはありません。


わたしがまだ小学生だったころ、家から一〇〇メートルぐらいのところの路地裏に、駄菓子屋がありました。

わたしは、学校が終わると家にランドセルを放り投げて、その路地裏の小商いまで駆けて行きました。そこには、はたきを持った婆さんがいて、わたしたち悪がきが悪さをしないかを見張っていました。

わたしたちは、五円玉を支払って、その駄菓子屋で飴玉を買ったり、ガラス管に入った着色された甘い寒天ゼリーを買ったり、苺《いちご》アメに紐が付いているくじを引っ張ったり、型抜き細工を成功させて景品を受け取ったりすることに夢中になりました。

今考えると、いったいあの路地裏の駄菓子屋は、どうして成立できたのだろうかと不思議に思います。

こども相手の小商いそのものですが、いかほどの収入があったのでしょうか。

わたしが中学校に入る頃にはすでに、その駄菓子屋はなくなって普通の家屋になっていましたが、それでも戦後十年ほどの日本にはこのような小商いがあちこちに存在しえたのです。

そして、そこにはいつも一定の顧客（それはこの駄菓子屋に集まるこどもだったり、帽子屋のお客だったりしたわけですが）がおり、そこでひとつのちいさな経済が回っていたのです。

いまなら、それらの商いからの収入では家賃も払うことができないでしょう。

それができた理由はひとつしかありません。

この店を守っていた婆さんの生活コストが極端に安かったからです。

あるいは、この店は生活の収入のためではなかったのかもしれません。

小商いのすすめとはいっても、あの時代の路地裏の小商いをおすすめしているわけではありません。地代が上がり、物価も上がっているいまの日本において、それはしたくてもできない相談です。実際に、路地裏から小商いが撤退したことを見れば、それが間尺《ましゃく》の合わない商売だったということがわかります。

それでも、わたしはここに低成長の時代のひとつの生活のヒントが隠されているように思います。

あの婆さんはいくつぐらいだったでしょうか。七十歳か八十歳。そのあたりです。

もちろんもっと若い奥さんもいました。

どうしてやっていけたのかと書きましたが、かれらは必ずしも店の収益だけで暮らしていたわけではなかったようです。

いまなら年金暮らしの老人や、専業主婦におさまっている主婦たちは、当時は何をしていたのでしょう。わたしの母親は内職をしていました。友人の母親の場合も、遊びに行くと内職をしている場面によく出くわしました。

路地裏の小商いも、自宅の一角にこども向けの商品を並べて、そこからちいさな収入を得ることで家計の足しにしていたのでしょう。

三ちゃん農家という言葉がありますが、当時は父親がたとえば会社勤めをしていれば、母親は内職、こどもたちはアルバイトをしてそれぞれが、その収入を持ち合うようにして家族全体の家計を支えるというのが一般的でした。

それぞれが、少しずつ支え合いながら家族というものを守りながら運営していたということです。

国家のレベルでは、景気の回復や雇用に対しての政策的な提言が出てくるでしょうし、机上で作り上げた経済成長の戦略がこれからも流布されることになるでしょう。

しかし、国家という枠組みであっても、それを支えているのは地域の産業であり、ひとりひとりの労働であり、その積み重ねが国家を守り運営することに繋がっているはずです。

これを書いている今、わたしが少し関係していたオリンパスという会社で、経理的な不正が長年にわたって行われていたことが報じられています。

株式会社というものが持つ「病」に関しては、別な本[xi]で書きましたが、オリンパスという日本が誇るべき優良企業であっても、利益を確保するために（この場合は損失を隠すためにでしたが）工作を行ってしまうところに、この問題の根深さが隠されています。

そもそも、この会社が本業に徹して、小商い的ではあっても本業の利益や損失を積み重ねていればこのような問題は生じなかったはずです。前世紀末のバブルの時代には、オリンパスのみならず、ほとんどの会社が財テクに走り、大きな傷（損失）を残しました。

そこには、何がなんでも時価総額を上げなければならないという、株主圧力が働いていたからです。

日本の企業社会全体で、時価総額競争が起きていたわけです。

バブルがはじければ、バランスシートは大きく痛むことになります。

しかしそれは、バランスシート上の損失だけにとどまりません。

会社のフルメンバーの仕事に対するモラルや、労働エートスといったものを、毀損《きそん》することに繋がります。本業以外の金融によって利益を得れば得るほど、この傾向は顕著になるといわざるをえません。

多くの企業が小商いを軽視した結果のひとつが、オリンパスの悲劇だったのだとわたしは思っています。


さて、これから日本はどうなるのでしょうか。

ヨーロッパ共同体は、ギリシアやポルトガルなどの経済不安のなかで、先行きに暗雲が立ち込めています。アメリカはイラクやアフガンでの戦費がかさみ、国内では産業が衰退して、貿易赤字問題はいっこうに解決しそうもありません。中国の経済も減速感が出ていると、中国とビジネスをしている友人が言っていました。

日本も大変です。超円高で、輸出産業は苦戦を強いられ、タイの洪水ではホンダをはじめとする自動車、機械産業が大きな打撃を受けてしまいました。ＴＰＰの問題もあります。

こうやって並べてみるとなんだか、暗くなってしまいます。

日本はどうなるのか。

いや、そもそもこういった問いの立て方自体が、ほとんど意味のない杞憂《きゆう》に過ぎないというのが本書のテーマなのです。

小商いとは、さまざまな外的な条件の変化に対して、それでも何とか生きていける、笑いながら苦境を乗り越えていけるためのライフスタイルであり、コーポレート哲学なのです。

これまでも、これからも、外的な環境変化に対して、あたかもそれが存在しなかったかのように、自分たちのすべきことを着実に実行し、積み上げ、価値を作ってきたものは生き残ってきたし、生き続けていくだろうと思います。

これは、わたしが日本の街場を歩いてみて、あるいは生産の現場を見てきた実感です。

そのことに対して、視野狭窄《しやきようさく》の部分最適にすぎないとおっしゃる方もいますが、それはその方が、部分適合とは何か、全体最適とは何かについて、長い時間のなかで身をもって実感していないからいえることだと思います。

なにかがわかるには、時間が必要なのです。

現在の多くのビジネスモデルは、基本的に時間を無視した、短期的な無時間モデルです。時間軸を長めにとってみれば、どんな苦境も、人間が作り出したものであり、それゆえに身の回りの人間的なちいさな問題を、自らの責任において引き受けることだけが、この苦境を乗り越える第一歩になると、わたしは確信しています。もちろん、短期的に見れば、それですべてが解決するわけではないし、失敗することも多々あるでしょうが、たとえ何があろうとも、小商いの哲学は人間が生きているかぎり生きつづけることになるだろうと思います。

なぜなら、人間とは本来、小商い的存在だからです。

あとがき

本書を、最後までお読みいただきありがとうございます。

当今流行りの言葉といえば、経済成長戦略、グローバル人材、リーダー論といったところですが、流行っているときとは、終わりの始まりでもあります。本書は、九〇年代から猖獗《しょうけつ》を極めた、グローバル資本主義を形容するこれらの言葉の終わりを確認するために書かれたと言ってもよいかもしれません。

代わってわたしが歴史の中から取り出してきた言葉は、国民経済、必然化論、おとな論で、本書では、小商いというテーマをめぐってこの三題ばなしが展開されています。なにぶん、還暦を過ぎて頭も舌もよく回らなくなっているために、繰り返しやしつこい部分がありますが、一所懸命情理を尽くすといった姿勢で書いてきたものがやっとまとまりました。

過去のメールを見ていましたら、ミシマ社の三島社長からこんな本を書いてくれないかとお誘いを受けたのは、二〇〇九年の八月でした。もう二年以上前のことですが、そのときになんとなく生返事でお受けしてから、何度も嘘をつき続けてきたわけです。蕎麦屋の出前が、「はい、もう店を出ました」というように、「はい、結構すすんでいますよ」なんて言い続けてきたのです。三島さん、スタッフのみなさん、本当にすみませんでした。やっと書きあがりました。

ですから、今こうやってあとがきを書いている時間が、どれほど気分がいいかお察しいただけるのではないかと思います。

このあとがきでは、執筆が遅れた理由を、書いておきたいと思います。

本文中にも出てきますが、わたしはいわゆるプロの物書きではありませんので、書きたいときに書きたいことだけを書くことを自分に許してきました。勝手気ままにやりたかったのです。しかし、本書のタイトルは、三島さんから与えられたものであり、わたしのなかでまだ「小商い」がなんであるかがよくわかっておりませんでした。いや、なんとなくはわかっていたのですが、切実なものとしてわたしの臓腑に落ちてはきていなかったのです。

実際に、本書が一気に書かれたのは、二〇一一年の三月十一日を過ぎてからです。東日本大震災です。わたしは、この震災と、原発事故の映像を繰り返し見ているときに「問題の回答は、人の数だけ、会社の数だけあるが、この震災によって、問いの数はほとんどひとつに絞られた」というふうに書きました。

その問いとは、わたしたちはこれまでのやりかたの延長上に未来を描いていけるのか、それとも別のやりかたを見出すべきなのかということです。

それからわたしは、それまで書いてきたことを全面的に書き換える作業に入りました。別のやりかたとは何であり、それはどのような意味を持っているのかということは、還暦を過ぎたわたし個人にとっても切実な問題であり、小商いという考え方が上記の問いへの回答のひとつになるにちがいないと思えるようになっていたからです。

震災と原発事故は、わたしが戦後六十年以上生きてきて最も衝撃的かつ意味深い出来事でした。日本人は、過去において幾度も今回の津波のような自然災害を蒙《こうむ》ってきました。そしてその都度驚くべき忍耐と再生力を発揮して復興してきたわけです。今回の災厄が、これまでのものと決定的に異なるのは、そこに原子力発電所の事故が加わったということで、こちらのほうはわたしたちが避けようと思えば避けられたかもしれない事故だったわけです。避けられたかもしれないという言い方は、あるいは適切ではないかもしれません。実際に、人類はチェルノブイリの原発事故を経験しているにもかかわらず、同じことを繰り返してしまったわけですから、ほんとうは避けられない事故だったのかもしれません。

これは別に、運命論的なことを申し上げたいわけではなく、文明の進展、経済の拡大、欲望の限りない膨張といった近代以降の歴史の流れの中にいるかぎり、どこかで自然というものとの破局的な衝突をしてしまうのは、必然のなりゆきだったということです。

なぜなら、自然とは、発展とも、拡大とも、膨張とも無縁な、人間にとっての所与であるからで、人間もまたその自然の一部分を構成しているものだからです。しかし、限りない成長への欲望もまた人間のなかに仕込まれたものであり、それゆえ人間は自然界のなかで、きわめて特異なポジションを得ることになったのだと思います。

人間は限りない欲望と、限界そのものである内なる自然とのあいだで常に引き裂かれているというわけです。

この矛盾をどのようにして乗り越えていくことができるのか。それはあまりに遠大で、わたしのようなものの手に負えるテーマではありませんが、小商いという言葉にはどこかそれを考えるための端緒が含まれていると思われたのです。

人間は誰でも自然の摂理のなかから偶然にこの世の中に生まれ落ち、数十年を経て再び自然の摂理のなかに回収されていく存在です。

本書の中で繰り返し述べているヒューマン・スケールとは、まさに人間がどこまでいっても自然性という限界を超え出ることはできない存在であり、その限界には意味があるのだということから導き出した言葉です。

小商いという言葉は、そのヒューマン・スケールという言葉の日本語訳なのです。

そんなわけで、本書は書き始め当初のプランを大きく逸脱したものになりました。当初のプランとは、縮小する経済状況のなかで生き残っていくための経営のひとつのあり方といったものを描写しながら、商倫理論や経営論を展開しようというものでした。しかし、上記の理由によって、わたしは自分の視座をもっとずっと上空にまで引き上げ、時間的にも戦後史を見つめ直せるところまで掘り下げようとしたわけです。本書が、全体としては統一感に欠けるところがあり、具体的な思考と形而上学的な思考が混在しているのは、もちろんわたしの力不足ということがあるのですが、本書成立の経緯にも因《よ》っているのだと言い訳をさせてください。

最後に、本書を書くにあたって多くの方々のご協力をいただきました。当初ミシマ社のご担当だった大越裕さん（今は関西方面でライターとしてご活躍ですね）、現在のご担当である星野友里さん、そして辛抱強くお待ちいただいたミシマ社社長の三島邦弘さん、本文中にご登場いただいた京浜精密工業株式会社の駒場徹郎社長、大田区に関する貴重な資料をいただいた作家の小関智弘さん、故人ですが所得倍増計画の下絵を描かれた経済学者（当時は大蔵官僚）の下村治先生、ありがとうございました。

皆様がいなければ本書は出来上がることはなかったとキッパリと断言できます。

そしてもし、下村治さんがご存命であったら、今の時代をどのように読み解かれたか、それがお聞きできないのが残念でたまりません。

二〇一一年十二月

平川克美

註

i 『人々はなぜグローバル経済の本質を見誤るのか』水野和夫著、日本経済新聞出版社、二〇〇七年、五七頁

ii 『石器時代の経済学』マーシャル・サーリンズ著、山内昶訳、法政大学出版局、一九八四年、九頁

iii 大田区のホームページより。(http://www.city.ota.tokyo.jp/naruhodo/shiraberu/ota_kuseifile/ota_kuseifile19/otakuseifile19_honbun/files/kuseifile2.pdf)

iv 『工場まちの探検ガイド』大田区立郷土博物館発行、一九九四年、五五頁

v 『貧乏は正しい!』橋本治著、小学館文庫、一九九八年、二七、二八頁

vi 『そして官僚は生き残った　内務省、陸軍省、海軍省解体』保阪正康著、毎日新聞社、二〇一一年、一二六頁

vii 『ショック・ドクトリン　惨事便乗型資本主義の正体を暴く　上』ナオミ・クライン著、幾島幸子・村上由見子訳、岩波書店、二〇一一年

viii 『アラブ革命は何故起きたか　デモグラフィーとデモクラシー』エマニュエル・トッド著、石崎晴己訳・解説、藤原書店、二〇一一年

ix 家族形態に関しては、『世界の多様性』(エマニュエル・トッド著、荻野文隆訳、藤原書店、

二〇〇八年）が参考になる。トッドによれば、近代化以前の世界において、伝統的な家族形態は親子関係、兄弟関係の差異により七種ないし八種に分類でき、それは国民国家の枠組みとは別に世界中に分布している。たとえば英米は絶対核家族、中国、ロシアは外婚制共同体家族、日本は権威主義的直系家族、イスラムは内婚制共同体家族である。

x　『東電解体』奥村宏著、東洋経済新報社、二〇一一年

xi　『株式会社という病』拙著、文春文庫、二〇一一年

写真提供　著者

平川克美（ひらかわ・かつみ）

文筆家、「隣町珈琲」店主。1950年東京生まれ。1975年、早稲田大学理工学部機械工学科卒業。渋谷道玄坂に翻訳を主業務とするアーバン・トランスレーションを設立。2014年、東京・荏原中延に喫茶店「隣町珈琲」をオープン。著書に『「消費」をやめる—銭湯経済のすすめ』『21世紀の楕円幻想論—その日暮らしの哲学』『共有地をつくる—わたしの「実践私有批判」』（以上、ミシマ社）、『移行期的混乱—経済成長神話の終わり』（ちくま文庫）、『俺に似たひと』（朝日文庫）、『株式会社の世界史—「病理」と「戦争」の500年』（東洋経済新報社）などがある。

装幀　吉田篤弘・吉田浩美
［クラフト・エヴィング商會］

小商いのすすめ
——「経済成長」から「縮小均衡」の時代へ

二〇一二年二月二日　初版第一刷発行
二〇二三年三月三十一日　初版第八刷発行

著　者　平川克美
発行者　三島邦弘
発行所　㈱ミシマ社
郵便番号一五二-〇〇三五
東京都目黒区自由が丘二-六-一三
電話　〇三(三七二四)五六一六
FAX　〇三(三七二四)五六一八
e-mail hatena@mishimasha.com
URL　http://www.mishimasha.com/
振替　〇〇一六〇-一-三七二九七六

印刷・製本　(株)シナノ
組版　(有)エヴリ・シンク

ISBN978-4-903908-32-8

好評既刊

「消費」をやめる　銭湯経済のすすめ

平川克美

「経済成長なき時代」のお金の生かし方

「消費第一世代」として、株主資本主義のど真ん中を生きてきた著者がたどりついたのは、半径3km圏内の暮らしだった……。

ISBN978-4-903908-53-3　1600円

21世紀の楕円幻想論　その日暮らしの哲学

平川克美

めざすべきは、正円じゃなく、楕円。

もう1つの焦点をいかにしてつくるか？　全財産を失い、右肺の3分の1も失った著者がたどり着いた、新たな贈与論。

ISBN978-4-909394-02-6　1800円

共有地をつくる　わたしの「実践私有批判」

平川克美

私有財産なしで、機嫌よく生きてゆく

銭湯、食堂、喫茶店、縁側……誰のものでもあり、誰のものでもなく。『小商い』の終着点を描いた私小説的評論。

ISBN978-4-909394-63-7　1800円

（価格税別）